月2.5万円で
味もボリュームも
大満足！

ふたりを平和にしてくれる最強の共働きごはん

てりやきチャンネル

KADOKAWA

はじめに

かんたんで
おいしいレシピ
ばかりです

おにいさん

本を手に取ってくださり、ありがとうございます。
『てりやきチャンネル』のおにいさんです。

僕たちを初めて知ってくださった方にかんたんに説明すると、YouTubeチャンネルの『てりやきチャンネル』では、僕とおねえさんのふたりで料理をする日常動画を投稿しています。

僕とおねえさんは、同棲している本物のカップルです。

本を出すというチャレンジに、最初は戸惑いもありました。
でも、ポジティブなおねえさんに引っぱってもらい、こうして形になっています。

この本で紹介しているレシピは、料理初心者だった僕たちでもおいしく作れたかんたんなものばかりです。

そして、この本ではレシピ以外に、僕たち自身について書いたエッセイパートもあります。

カップルとしての関係性や、どうしてふたりで料理をしているのか、動画ではまだ話しきれていない僕ら自身のことも知ってもらえたら、うれしいです。

メニューに
迷ったときの
ヒントに!

おねえさん

私たちの本を見つけていただき、ありがとうございます。

『てりやきチャンネル』のおねえさんです。

〝本を出しませんか〟とお話をいただいてから数か月、少しずつカタチになっていく中でも、〝本当かな?〟といった驚きがずっと続いています。

紹介しているレシピは、どこの家庭にもありそうな調味料や、スーパーで手軽に買える材料で作れるものがほとんどです。

動画で紹介したものを、私たちの好きな具材や調味料を使ってさらに進化させ、ふたりで〝おいしい!〟と思ったオリジナルレシピだけを集めました。

この本では、レシピを感情&シチュエーション別でまとめています。

そうすることで〝今日作りたいもの、食べたいもの〟を探しやすくなるかなと思ったから。

YouTubeで、〝明日作ってみます!〟というコメントをいただくことも多く、私たちの動画が〝メニューに迷ったときのヒントになる〟ことがうれしかったんです。

この本も同じように楽しんでもらえたらいいな。

みなさんの〝今日のごはん〟がこの本の中に、ありますように!

Column

料理が楽しくなる

推し調理器具

私たち、てりやきチャンネルが愛用している調理器具。選ぶポイントは「使うとテンションが上がる」こと。使用器具はほかにもたくさんありますが、いち推しメンバーはこちらです。

木のまな板

木の調理器具ってテンションが上がるんですよね。切ったときの音がすごくいい！　野菜用にしています。

スライサー

おにいさんが大学生のころから使っていて、年季が入ってます。サイズが大きめで使いやすいです。

包丁

毎日使うものだから、スタイリッシュな見た目のものをチョイス。ステンレスだから錆びないのもいいところ。

みじん切り器

材料を入れてヒモを引くだけでみじん切りになる時短アイテム。使うと楽しいです。コメントで教えてもらったもの。

スキレット

アヒージョやナチョスなど、調理してそのままテーブルに出すと外食のようなおしゃれ感！

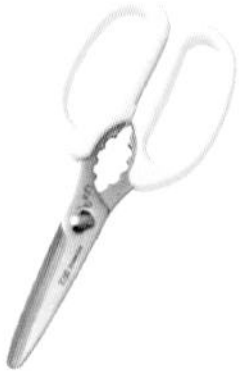

キッチンばさみ

おにいさんが実家から持ってきたもの。包丁を使うまでもないものはこれで切ると、早くてラク。

ホットプレート

色がかわいい『BRUNO』愛用中。熱々のまま食べられるのが◎。テーブルに座って調理できるのもよいです。

ホットプレート購入前は、ガスで代用してました。この本に出てくるホットプレートレシピも、コンロ＋フライパンなどで作れます。火加減や焼く時間など、様子を見て調整しつつ、チャレンジしてみてください！

Column

これさえあればすぐウマ！

ヘビロテ調味料

てりやきチャンネルの味はこの調味料からできている！　よくプラスする一軍と、あると便利な二軍。ほかの調味料も使いますが、この10アイテムさえあればすべてのものはおいしくなります（笑）。

一軍

コチュジャン

辛さだけじゃなくうまみも出るのが最強。韓国料理を中心に使いますが、意外と万能なんです。

中華スープのもと

何に入れてもおいしくなる万能調味料。洋食以外のすべてにハマります。ほぼ毎日使っているかもしれない。

オリーブオイル

なくてはならないもの！　にんにくとの相性がばっちり＆ドレッシングやタレを作るときにも重宝します。

チューブ入りしょうが

和食な味付けに便利なチューブ。下味をつけるときによく使います。週1ペースで愛用。

めんつゆ

入れると私たち好みの味になります。本当にどんな料理にも使えるのがすごい！　特に和食や麺類に。3倍濃縮です。

二軍

アンチョビペースト

頻繁には使わないけど、あるとうれしい。入れるだけで一気におしゃれな味になるので、気分を変えたいときに。

チューブ入りにんにく

にんにく好きの私たちには欠かせない！　手軽に風味を出せるので、「ちょっと入れちゃお」することが多いです。

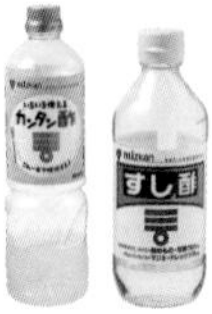

酢

さっぱり感がほしいときに頼りになるのが酢。種類によっても料理の幅が広がるので、いろいろ試しています。

八丁みそ

地元・愛知県岡崎の味。ふつうのみそに比べて色が黒く、味もかなり濃いめ。合わせみそに混ぜてもおいしい。

ピザ用チーズ

コスパのよいお徳用が私たちの定番。チーズを食べたくなったら、たっぷり入れたメニューを作ります。

Part3

悲しい日もつらい日も ごはんが助けてくれる

Part4

カップルには山あり谷あり ふたりの関係増強ごはん

Part5

特別な日にはふたりにとって特別なごはん

この本の使い方

- 小さじ１は５㎖、大さじ１は15㎖です。
- 電子レンジの加熱時間は600Wを基準にしています。500Wの場合は1.2倍を目安に調整してください。
- 電子レンジやオーブントースター、ホットプレートは、メーカーや機種によって温まり方に差があります。様子を見ながら加熱してください。
- 液体を電子レンジで加熱した場合、取り出して混ぜるときに、場合によって突然沸騰する可能性があります（突沸現象）。粗熱をとってからレンジから取り出すなど注意してください。
- 材料の価格は著者が購入したときの金額です。調味料やお米、量が少ないものはカウントしていません。購入するお店や地域、時期によって差がありますので参考価格としてお考えください。
- レシピの分量は２人分ですが、作りやすい場合のみ１人分の分量を記載しています。

月の食費2・5万円！

ふたりの節約買い物ルール

月の食費はふたりで2・5万円。買い物をするときや料理をするときに、気をつけていることを考えてみたら、5つのルールがありました。

1 業務スーパーや八百屋さんがねらいめ

業務スーパーは大容量の冷凍食品のイメージが強い人も多いと思いますが、実は生野菜や生肉も安い！　お肉の量が多めなので、冷凍保存することも。八百屋さんは旬の野菜が安価で買えることが多いです。（おにいさん）

2 翌日の出費で調整

1日の食費は高くても1人500円までが目安です。疲れた日やイベントごとなど“ちょっと贅沢したい日”は、翌日の食費をおさえてバランス調整。贅沢な日が連続することはないです。（おにいさん）

3 買った食材は絶対に使いきる

買ったものは全部使いきらないと、結局お金がムダになってしまうことに。腐らせないよう、1回の買い物で2～3日分を買うイメージです。多めに買って、冷凍保存をうまく活用することも。（おねえさん）

4 レシートを取っておく

たまに見返すと“この日とトマトの価格が全然ちがう！”という気づきがあったりも。全体の出費を把握するためにもレシートを取っておくのがいい気がします。僕たちは家計簿をつけていないので。（おにいさん）

5 ひとつのお店で買いきらない

業務スーパーと八百屋さん以外にも、近くにスーパーが2店舗あり、店ごとに安いものを把握！　肉は業務スーパー、野菜は八百屋、お酒は別のスーパーなど必要に応じてお店をめぐっています。（おねえさん）

たまたま出会えた業務スーパーに大感謝な日々！

おにいさん　引っ越したときは業務スーパーが近くにあるかなんて考えてなかったけど、今ではいちばん利用してる店舗。

おねえさん　もう業務スーパーがないと私たちの同棲は成立しない（笑）。

おにいさん　安くて品揃えも豊富だし、次に引っ越すときは〝業務スーパーがある〟ってことはマスト（笑）。

おねえさん　だね。買い物するときはだいたい2000〜3000円いかないくらいかな？

おにいさん　うん。そもそも冷蔵庫がひとり用のものだから、たくさん買っても入らないっていうのはある。

おねえさん　ふたり暮らしになって、半端にあまった食材も使いきりやすくなったよね？

おにいさん　うん。ひとりだとどうしようもない残りものだった食材が、ふたりだと寄せ集めたらパスタの具材になったりするから。あまらせることなく使いきれる！

これが私たちの1か月2.5万円ごはん

ある月のメニューはこんな感じ！　肉もガッツリ食べながら、
パスタなどで安上がりの日も作って予算内におさまるよう調整。

夕食
長芋明太丼→P18
レタスのナムル→P25
担々うどん→P32
ツナと豆苗の和えもの→P26
なんでも入れてトマトパスタ→P34
混ぜるだけユッケ風うどん→P37
てりやきチキン→P52
がっつりローストビーフ丼→P80
赤だしの豚汁→P65
卵黄のせキーマカレー→P82
鶏つくね→P94
ブロッコリーの豆腐グラタン→P88
ツナと大葉の和風パスタ→P104

ミネストローネ→P136
ハート形ハヤシライス→P134
洋風ちらし寿司→P144
カマンベール入りアヒージョ→P112

かんたんナチョス→P118

彩りビビンパ→P126

はるさめ冷麺→P154
サムギョプサル→P156

マウンテンステーキ丼→P142

朝食&昼食

朝はお昼と一緒にしちゃったり、シリアルですますことも多いのですが、休日はワンプレートでしっかり作ることも。お昼ごはんはいつもパスタや丼ものなんかをちゃんと食べています。

STAFF

撮影……………………………尾島翔太

フードスタイリング………田村つぼみ

デザイン……………………細山田光宣・藤井保奈(細山田デザイン事務所)

編集協力(レシピ部分)……村越克子

編集協力(エッセイ部分)…上村祐子

DTP…………………………アーティザンカンパニー

校正…………………………麦秋アートセンター

編集…………………………東 美希

Part

1

共働きあるあるを切り抜ける！

時間がなかったりうっかりしてたり…
共働きでありがちな
ごはんのピンチを救う
パパッとかんたんレシピです。

クオリティ高い！

ふたりとも深夜残業①

生ハムユッケ丼

材料

- 生ハム……120g　252円
- きゅうり……1本　40円
- A　コチュジャン……大さじ1
- A　ごま油……大さじ1
- 温かいごはん……茶碗2杯分
- すし酢……大さじ4（1人分大さじ2）
- 卵黄……2個分　30円
- 白ごま……適量

total ⇨ 2人前：合計322円

手順

1. きゅうりはヘタを切り落として千切りに、生ハムは1枚ずつはがしひと口大に手でちぎる。
2. 1にAを混ぜ合わせる。
3. 器にごはんをよそいすし酢を混ぜ合わせ、2を全体に、卵黄を真ん中にのせ、白ごまをふりかける。

Point

卵を割り、黄身だけを片方の殻にうつすことを2～3回繰り返し、黄身と白身を分ける。

ごはんを器によそい、直接、すし酢をかけてざっくり混ぜるだけで酢飯が完成。

#おにいさん

仕事が忙しい日は
パパッとできる
丼ものがいちばん

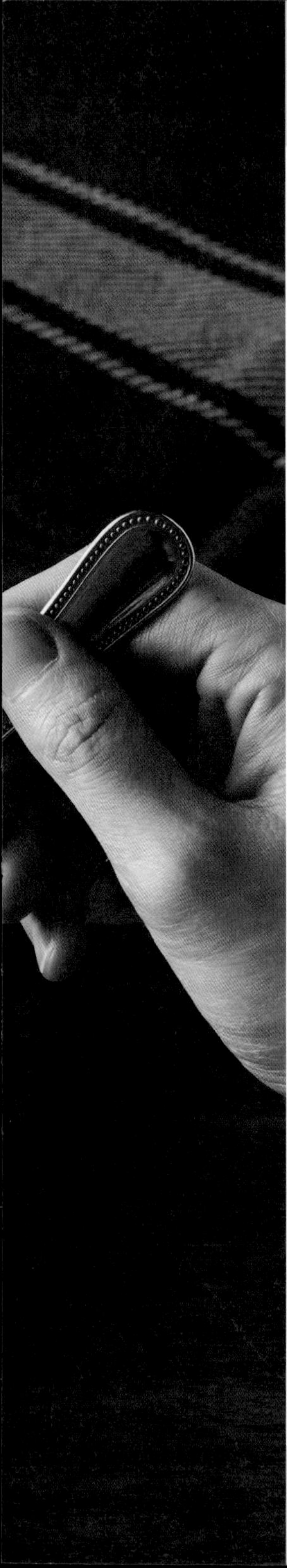

感動の
組み合わせ

ふたりとも深夜残業②

長芋明太丼

材料

- 長芋 …………………… 300g 150円
- バラの明太子 …………… 100g 160円
- A
  - めんつゆ（3倍濃縮タイプ）… 大さじ1
  - ごま油 ………………… 大さじ1
- 温かいごはん …………… 茶碗2杯分
- ブラックペッパー ………… 適量

total ⇨ 2人前：合計310円

手順

1. 長芋は皮をむいて粗みじん切りにし、明太子とAを混ぜ合わせる。
2. 器にごはんをよそい、1をのせてブラックペッパーをふりかける。

#おねえさん

業スーで買える冷凍明太子は安くてウマい！

#おにいさん

疲れているのは どちらも同じ だから時短が必須

おねえさんと同棲を始めて、一緒に料理を作るようになって1年とちょっと。ふたりとも働いてるので、疲れているのはお互いさま。だからこそ帰宅後は、すぐに晩ごはんを食べたい。ただ、僕もおねえさんも料理のプロではないので〝パッとすぐにメニューが浮かぶ〟わけではないんですよね。だから一度作ってみて〝早くできる上にうまい！〟と思ったメニューがあれば、ヘビロテします。

パスタや丼ものはかなりラク。〝生ハムユッケ丼〟や〝長芋明太丼〟は火を使わずにできるし、パスタは麺をゆでて、あまっている具材とトマト缶を合わせるだけで味も満腹度もいうことなし。まさに共働きカップルの救世主！

ヘビロテするメニューもありつつ、時間があるときはいろんなメニューを試していますね。その中で、〝味付けの勘〟みたいなものが少しずつ身についてきた気がします。

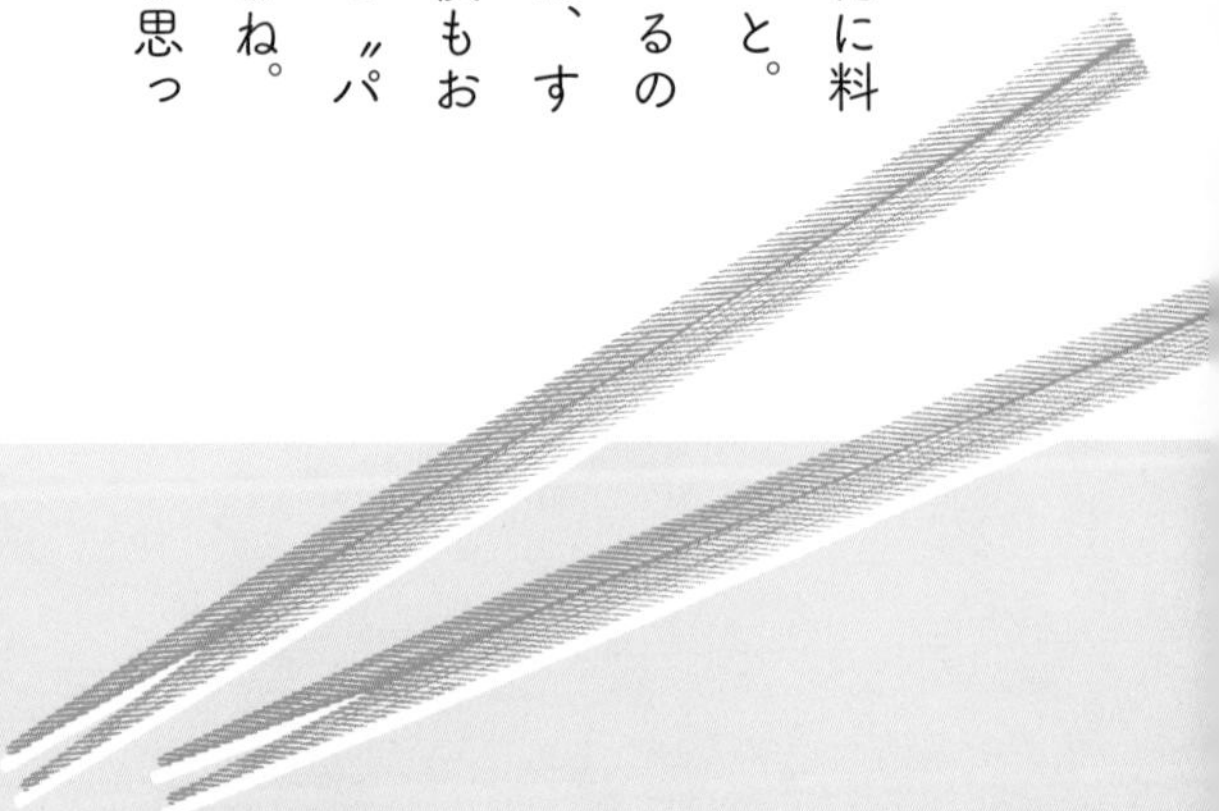

同棲したばかりのころは、レシピを見ながら作っていたけど、少しずつ自分たち好みの具材や調味料を考えていくようになったり。ふたりとも料理経験が同レベルだったので、調味料のかけ合わせを考えるのが実験的な感覚でできた。だからふたりとも料理を楽しめているんだと思います。

もうひとつ、僕にとって欠かせない料理の条件が〝安さ〟。僕、昔からかなりの倹約家……言い換えるとケチ（笑）。出費はできるだけおさえたい。1日ひとり500円いかないくらいにおさめるのが目標。僕は朝食を食べないことが多いので、昼夜合わせての計算です。明確に家計簿をつけたりまではしなくて、頭の中で〝だいたい230円くらいだな〟なんて思いながらメニューを決めています。

節約を意識してはいるけれど、食べる量を減らす気はまったくないです（笑）。そのために、近所のスーパーをまわって、安いものを厳選して買っていくことで、〝節約しつつおいしくお腹を満たす〟という願望を叶えています。

#おにいさん

何をしたらいいのか察し合えるのが役割分担しないことのよさ

大学4年間と社会人1年目までの5年、ひとり暮らしをしていた僕。当時の手料理といえば、市販のソースを使ったパスタ。野菜を切ることすらほぼしなかったのは、キッチンが激狭といういたってシンプルな理由。コンロはひと口で、作業スペースもほぼない……まぁ、よくあるひとり暮らし用のキッチンでした。

料理とは無縁の5年でも、同棲生活に役立っていることがあります。それは、〝使ったものはすぐ片付ける〟のが習慣づいたこと。部屋全体が狭かったから、食べ終わった食器をテーブルの上に置いたままにしておくと、とにかく邪魔！　何せひとり暮らし。自分で片付けないときれいにならない。食器を放置して汚れが落としづらくなるのもイヤだったから、気づけば食べ終わったらすぐ洗いたい人間

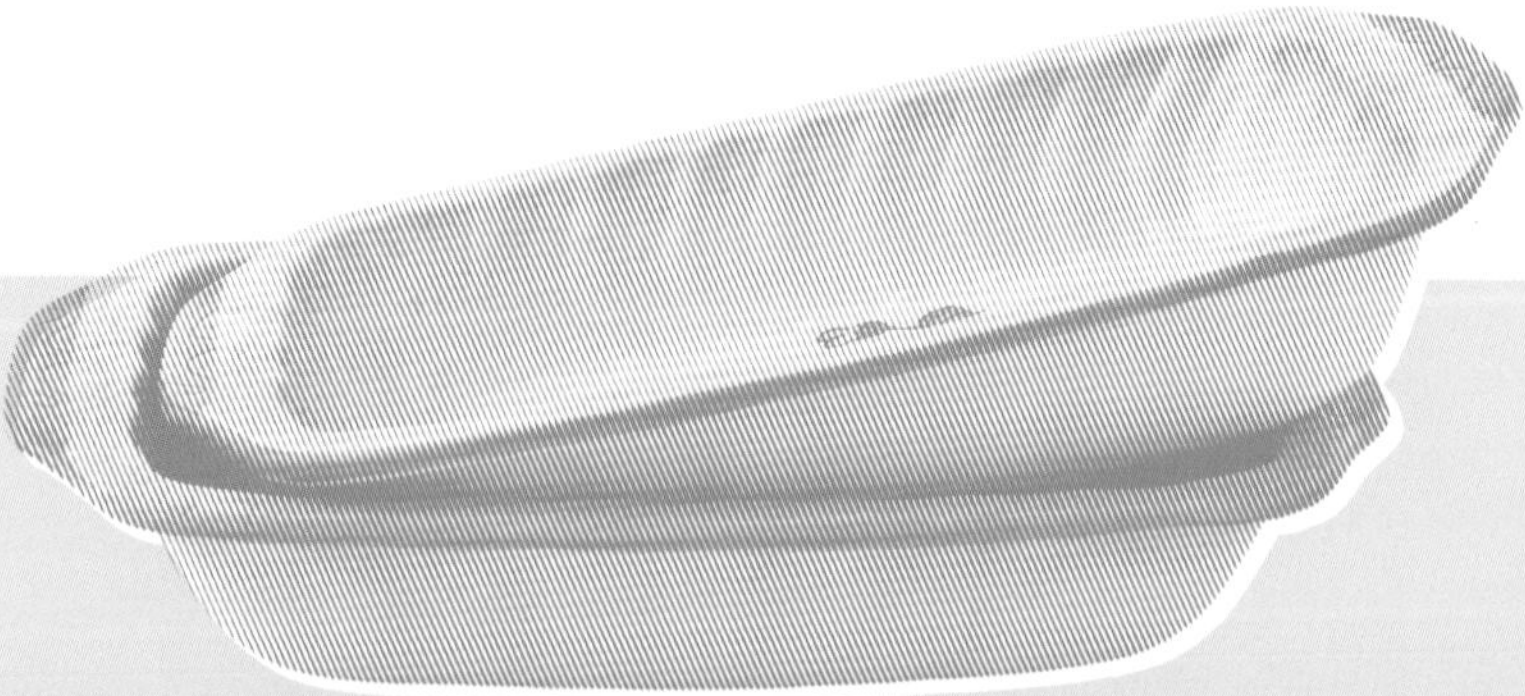

になっていました。

そんな僕にとっておねえさんと一緒にする料理は、かなり快適。具材を切ったら、おねえさんが炒めている間に、僕は包丁やまな板を洗う。サラダ用の野菜をおねえさんが切っている間に、僕はコンロまわりを掃除。そうすると料理が完成するころには、使った道具はすべてきれいに洗い終わっているわけです。効率がよすぎる。快適すぎる。同棲してよかった（笑）！

そうは言っても、〝僕が洗い物担当〟で〝おねえさんがコンロまわりの作業担当〟と役割分担を明確に決めているわけではないんです。僕が炒めている間、おねえさんが片付けていることもしょっちゅうあります。

一緒に料理をしていく中で〝今自分は何をするべきか〟がわかって、自然と立ちまわれるようになっていきました。今では「俺、まな板洗っとくわ」なんてわざわざ言わなくても行動を察して動く、そんなふたりでの料理時間が当たり前の日常になっています。

品数を稼ぎたい①

なすの一本蒸し

材料

なす	2本	112円
A しょうゆ	大さじ1	
酢	大さじ1	
みりん	大さじ1	
砂糖	小さじ2	
かつお節	適量	

total ⇨ 2人前：合計112円

手順

1 なすはヘタを取り、皮がシマシマに残るようにピーラーで皮をむく。

2 1のなすを1本ずつラップで包み、耐熱皿の上にのせて電子レンジで5～6分加熱する。

3 なすが温かいうちにAを混ぜ合わせたタレに漬け、冷蔵庫で20～30分冷やして味をなじませる。

4 器に盛り、かつお節をふりかける。

味がしみてる

#おにいさん
品数増やしは材料＆手間少なめの野菜一品もの

#おねえさん
爆速でできて
おつまみにもなる
ありがたいヤツ
ごま油が
うまい
品数を稼ぎたい②

レタスのナムル

材料

- レタス……………………½玉　50円
- A　ごま油…………大さじ2
  中華スープのもと…………大さじ1
- もみ海苔……………………1枚分
  （約19㎝×20㎝、以下同）　20円
- 白ごま……………………適量

total ⇨ 2人前：合計70円

手順

1. レタスは食べやすい大きさに手でちぎる。
2. 1にA、海苔、白ごまを加えて混ぜる。

品数を稼ぎたい③

ツナと豆苗の和えもの

材料

ツナ缶……………1缶（70g） 63円
豆苗………………………1袋 98円
サラダ油……………大さじ½
A 和風だしのもと
　………………小さじ½
　塩……………ひとつまみ

total ⇨ 2人前：合計161円

手順

1 豆苗は根の部分を切り落とす。

2 フライパンにサラダ油を熱し、豆苗を炒める。

3 豆苗に油がまわったら汁をきったツナを加え、Aを混ぜ合わせる。

ちょい炒め和え

#おにいさん
常備のツナ缶は困ったときの救世主

ごはんにも
合う
#おねえさん
優しい味だけど
ビールも進む
最高の一品です
品数を稼ぎたい④

柚子胡椒の
大根おろし納豆

材料

大根	約8cm	26円
納豆	1パック	13円
きざみ小ねぎ	1本分	5円
ポン酢	小さじ2	
柚子胡椒	適量	

total ⇨ 2人前：合計44円

手順

1 大根は皮をむき、おろす。水気をきって器に盛る。

2 納豆に付属のタレとからしを加えて混ぜ、**1**にかける。

3 ポン酢、小ねぎをかけ、柚子胡椒を添える。

#おねえさん

ふたりで作るから疲れているときも料理をしようと思える

私は大学の4年間はひとり暮らし。社会人1年目はシェアハウスで暮らしていました。ひとり暮らし時代は、あまり料理をしないタイプの人間でしたねぇ……。シェアハウスで暮らしていたときは、自分のお弁当用に、かんたんなおかずを作り置きしておくこともありました。

ひとり暮らし時代に料理をしなかった理由はふたつ。ひとつはお弁当屋さんでバイトをしていたこと。廃棄になるお弁当やお惣菜をもらえていたから、必然的に料理する機会は減っていきました。

ふたつ目の理由は、家のコンロがIHタイプだったこと。このIH、とにかく火力が弱い! 思うように作れなくて、料理へのモチベはどんどん下がっちゃいました。だからこそ、おにいさんとの同棲を決め、家を探していたときは〝ふ

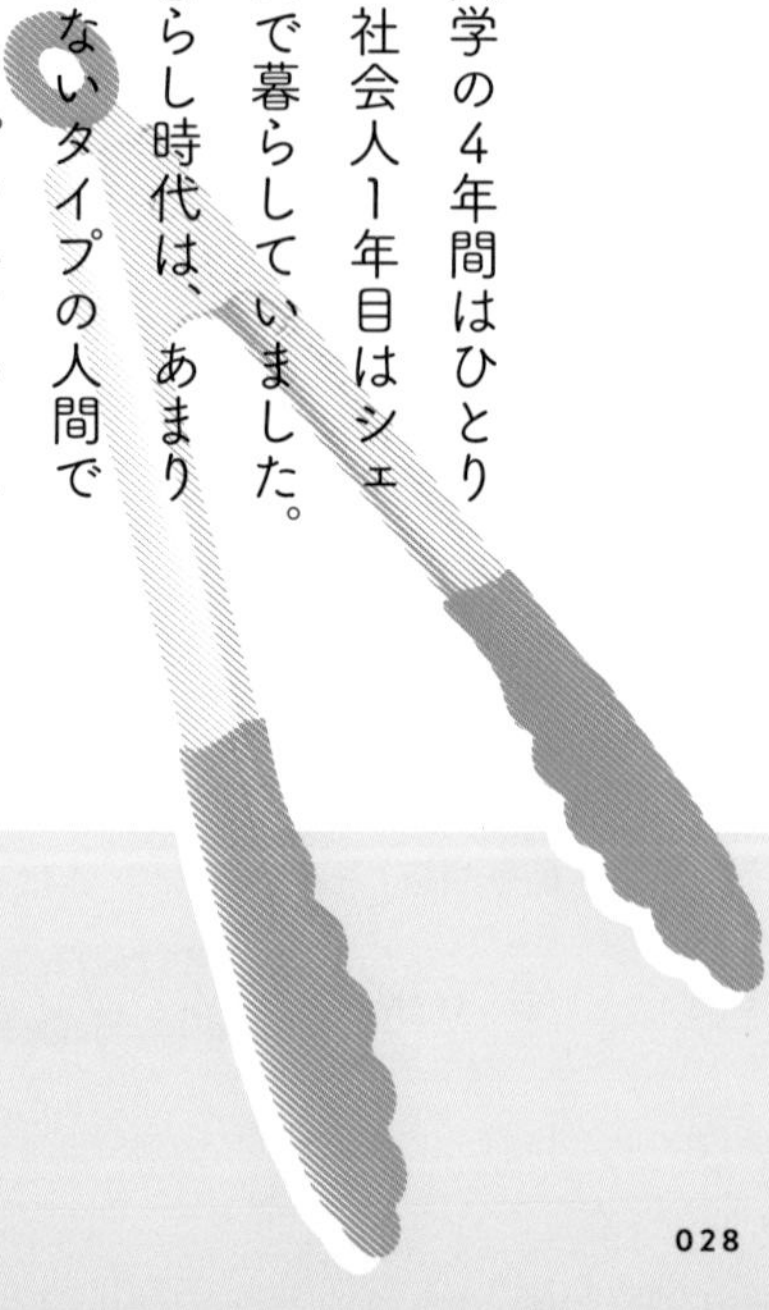

た口以上のガスコンロ〟が絶対条件。毎日料理を続ける上で、キッチンの快適さは必要不可欠ではないでしょうか。

　働いていると、料理をするのが面倒になる日も当然あります。シェアハウス時代は、仕事帰りにコンビニで買ったお弁当ですませることもあったし。自分のためだけなら、〝別に作らなくてもいっか〟と思いがちだったんです。作ったとしても、味もそんなに気にしてない。〝食べられればいい〟っていう感覚。でも、ふたりで作って食べると不思議とおいしくて。一緒に食べる時間を共有することで仕事の疲れも少しラクになる気がするんです。作るのも片付けも作業を半分にできるから、ふたりで作るほうがラク！

　同棲を始めたばかりのころはひとり暮らしの名残で、別々に作ったり、買ったものを食べることもあったけど、今では一緒にキッチンに立つ時間が週7日、つまり毎日になりました。

#おねえさん

おにいさんと私、それぞれの長所も短所も理解しているんです

1回の食事で作る品数は決めていないです。〝品数を稼ぎたい〟のコーナーで紹介しているようなものを細々作るときもあれば、パスタやうどんなどの一品料理ですませるときもある。冷蔵庫を開けて、そのときにある食材でできるものを作ることがほとんど。

時短や安さを大事にしていながら、実は私たち〝作り置き料理〟にはあまり挑戦していないんです。理由は……すぐに食べきっちゃうから（笑）。私もおにいさんもかなり食べるほうで、食べ物があると食べちゃう。ごはんも1回に5合炊いたら、昼と夜、2回分の食事で食べきってしまう。おみそ汁は多めに作るけど、だいたい翌日にはなくなるし、私たちに作り置きは向いてない（笑）。作ったとしても、予想していた期間よりも短期間で食べきってしまっ

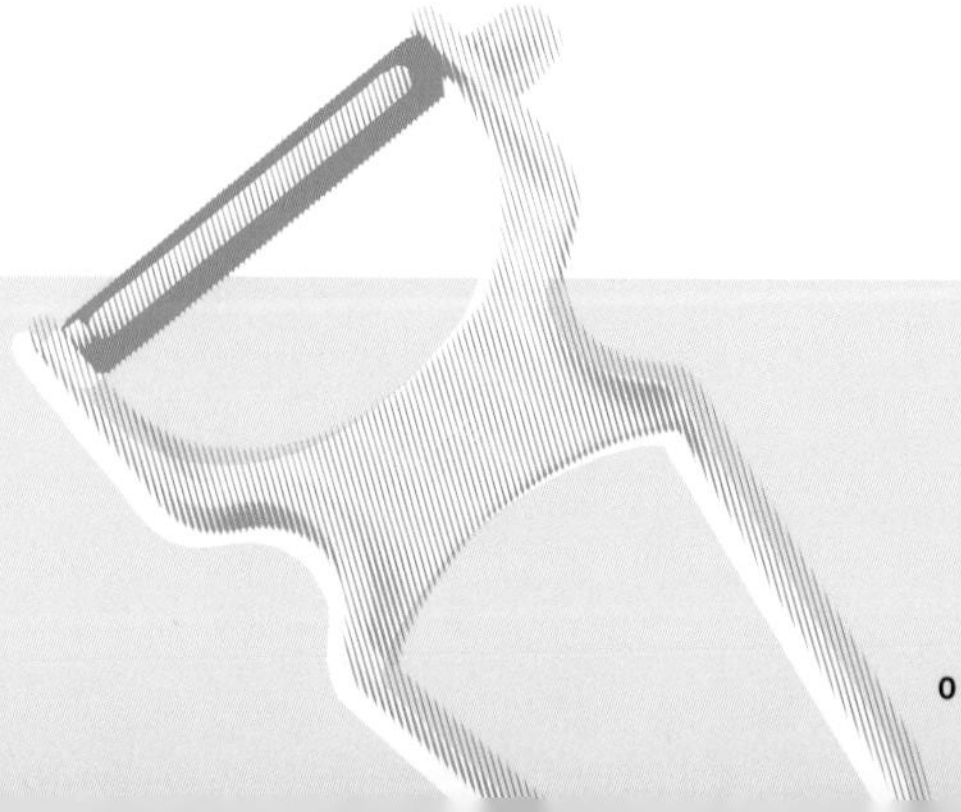

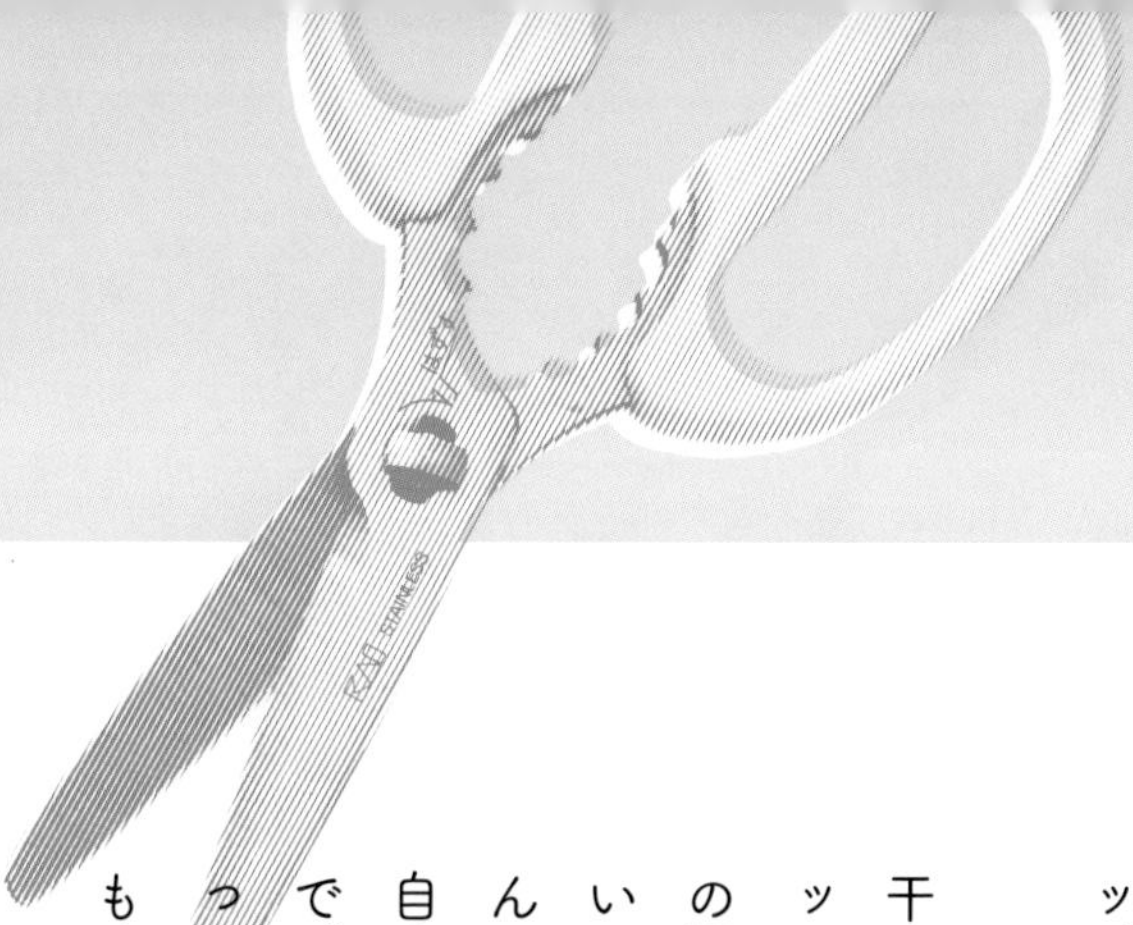

て、逆にもったいないことになる。なので、1回に作る量は1食分！　それが私たちにとっては節約です。
私たちは同棲前に3年近く〝半同棲〟をしているんです。そのときにお互いの生活リズムや家事のこだわりがわかったので、同棲を始めてからの新発見は実はひとつもなかったりします。つまり、〝知りたくなかったな〟というギャップもないんです。
　おにいさんはけっこう細かくて、食器の扱いや洗濯物の干し方にこだわりがあるタイプ。食器は使う前に1回ティッシュで拭いたり、洗濯物は乾燥しやすいようにこだわりの間隔で物干し竿にかけたり。私にはそんなこだわりがないので、最初に知ったときはビックリ。だけど、おにいさんはそれを私に強要するわけではなくて、〝気になるから自分でやるね〟って人。その分、私は別の家事をすることで、半同棲時代からバランスを取っていたんです。そうやって生活する上でのこだわりをお互いに理解していたから、もめることなく同棲がうまくいっているんだと思います。

#おにいさん

おいしすぎる&
大食いなので
僕たちは3玉食べる!

ランチにも◎

お米がない！①

担々うどん

材料

冷凍うどん	3玉	90円
チンゲン菜	1株	30円
トマト	½個	38円
豚ひき肉	100g	120円
ごま油	大さじ1	
A チューブ入りにんにく	小さじ1	
A チューブ入りしょうが	小さじ1	
A コチュジャン	大さじ1	
水	200mℓ	
豆乳	400mℓ	56円
B 豆板醤	大さじ1	
B みそ	大さじ1 ½	
B 白すりごま	大さじ1	
B 中華スープのもと	小さじ2	
B 砂糖	小さじ1	
白ごま	適量	

total ⇨ 2人前：合計334円

Nice!

スープにみそを加えるとコクが出て、深みが出る。"大豆つながり"で豆乳との相性もバッチリ！　豆板醤の辛みも効いてかんたんなのに極ウマ。

手順

1 チンゲン菜は根もとの部分を少し切り落としてゆでる。トマトはくし形に切る。

2 フライパンにごま油を熱し、ひき肉がパラパラになるよう強めの中火で炒める。ひき肉に火が通ったらAを加えて混ぜ合わせる。

3 鍋に水を入れて火にかけ、沸騰したらBを加えて混ぜ、豆乳を加えて沸騰しない程度に加熱する。

4 うどんは電子レンジで表示通りに加熱して器に盛り、3のスープをかけ、2の肉みそをのせる。チンゲン菜、トマトをトッピングし、白ごまをふる。

にんにく
大量!

お米がない!②

なんでも入れて トマトパスタ

材料

パスタ	300g	60円
厚切りベーコン	70g	70円
玉ねぎ	1個	30円
カットトマト缶	1缶(400g)	98円
にんにく	5かけ(約25g)	23円
オリーブオイル	大さじ1	
粉チーズ	適量	
バジルの葉	お好みで	

total ⇨ 2人前:合計281円

手順

1 ベーコンは拍子木切り、玉ねぎは薄切りにする。

2 フライパンにオリーブオイルを入れ、つぶしたにんにくを入れて弱火で炒め、オリーブオイルに香りをうつす。

3 1を加えて中火で炒め、トマト缶を加えて全体を混ぜ合わせる。

4 表示通りにゆでたパスタを加えてざっくり混ぜる。器に盛り、粉チーズをかけ、お好みでバジルの葉を添える。

Point

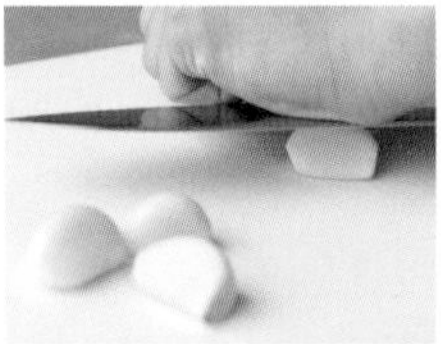

にんにくを包丁の側面でしっかり押さえ、包丁の刃に気をつけながら上から強く押してつぶす。

#おねえさん
冷蔵庫にある野菜を
適当に追加して
作ってください！

一瞬で作って一瞬で食べたい①

レンチン麻婆豆腐

材料

- 木綿豆腐……………1丁(300g) 26円
- 豚ひき肉……………………150g 180円
- きざみ小ねぎ…………1本分 5円
- A
  - チューブ入りにんにく…………………小さじ1
  - チューブ入りしょうが…………………小さじ1
  - コチュジャン…小さじ1
  - 中華スープのもと…………………小さじ1
  - めんつゆ(3倍濃縮タイプ)…………………小さじ1
  - 合わせみそ……小さじ1
  - 酒…………………小さじ1
  - 片栗粉…………大さじ1

total ⇨ 2人前:合計211円

手順

1 耐熱容器に豚ひき肉、Aを混ぜ合わせたものを入れる。

2 1に水切りしてさいの目に切った豆腐をのせて小ねぎをちらし、ふんわりラップをかけて、電子レンジで約6分加熱する。途中、様子を見ながら加熱時間を調整する。

Point

ラップをピッチリかけると、加熱中に破ける場合があるのでふんわりかける。

めちゃくちゃ時短
#おにいさん
フライパンを使わない
麻婆豆腐って
最高だよね

コチュジャンで
優勝

混ぜるだけ ユッケ風うどん

材料

冷凍うどん	2玉	60円
きざみ小ねぎ	2本分	10円
冷凍きざみオクラ	60g	20円
卵黄	2個分	30円
もみ海苔	½枚分	10円
白ごま	適量	

A（1人分のタレの分量）

- チューブ入りにんにく……小さじ½
- チューブ入りしょうが……小さじ½
- コチュジャン……小さじ½
- しょうゆ……大さじ1
- めんつゆ（3倍濃縮タイプ）……大さじ½
- ごま油……小さじ1

total ⇨ 2人前：合計130円

手順

1 それぞれの器にAを入れて混ぜる。

2 うどんは電子レンジで表示通りに加熱し、冷凍オクラを表示通りに解凍する。

3 1の器それぞれにうどんを入れてタレとからめ、オクラ、小ねぎ、海苔、卵黄を盛りつけ、白ごまをふる。

何を作るか決めるのは先に◯◯したほうだったりします

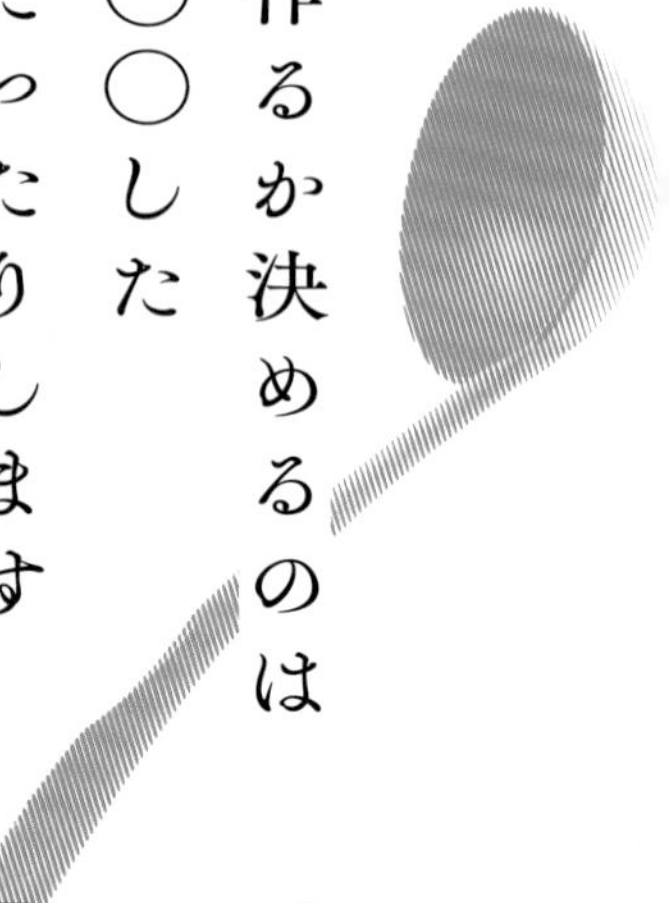

おねえさん 共働きだから、家事をしっかり折半しようって意識が強いよね。

おにいさん うん。だからふたりで一緒に料理をするようになった。

おねえさん 今は在宅ワークも多いから、やりやすくなったけど。お腹が空くタイミングも同じだし。

おにいさん 何を作るかは、最初にお腹が空いてキッチンに立ったほうに主導権があるという。

おねえさん どっちかが残業で帰りが遅いときも同じ考え方だよね。家にいるほうが食べたいものを2人分作って、残しておく。そこに〝疲れてるだろうから、相手の好きなものを作ろう〟って考え方はない（笑）。

おにいさん ないない。相手を優先してメニューを考えるのは負担にもなるし。同棲を始めて毎日料理するようになって、ひとり暮らしのときより食費は安くすんでる。

おねえさん　あと、お風呂も一緒に入ることで水道代や光熱費もひとりのときとほとんど変わらないしね。

おにいさん　そうそう。お風呂も一緒って言うと〝仲がいい！〟って言われることが多いけど、俺ら的にはふたりで入ると節約になるのが理由（笑）。

おねえさん　ふはは。そうそう（笑）。

おにいさん　もちろん一緒にいて全然苦じゃないくらいには仲いいけどさ。同棲前は、ひとりで過ごすスペースがないのが苦にならないかって心配も多少はあったけど。

おねえさん　全然大丈夫だったね。料理中も食事中も会話が絶えなくて、笑ってる時間が増えた。残業から帰ったときも、すぐにごはんが食べられるのはシンプルに幸せ。

おにいさん　うん。つまり、同棲最高！

おねえさん　そう、最高！

楽しく作る！

ふたりの料理分担ルール

ふたりで料理をするなら、手際がいいのはもちろん、何よりも楽しいのがいちばん。ひとりよりスムーズに料理するための秘訣はこんな感じ。

1 それぞれの得意なことをやる

僕は洗い物や盛りつけ、おねえさんは切るのが得意だったりするので、それぞれ得意なほうにおまかせ。ただ、時と場合によりチェンジも可！　そのくらいゆるい役割分担がちょうどいい気がします。（おにいさん）

2 ポジション決めをしっかり！

ムダな動きがないように、立っているポジションからできる行動をお互いに把握しています。私はコンロ側が多いので、使った器具をシンクに置きたいときは動かずに、おにいさんに渡します。（おねえさん）

3 同じ作業をしない

何品か作るときは、一品はおねえさんに完全におまかせすることも。ふたりで一品だけを作るときも、なるべくちがう作業をしようと意識すると、自分のやるべきことを見つけるのがうまくなります。（おにいさん）

4 リクエストを素直に伝える

手がはなせなくて相手にやってほしい作業があるときは、素直に言葉で伝えます。“察してほしい”と思ってしまうと、ケンカの原因に！　命令形ではなくあくまでお願いごととして伝えています。（おねえさん）

5 楽しい作業はふたりで！

基本はそれぞれちがう作業をしていますが、ワクワクする作業は別！　みじん切り器だったり、いつもするわけじゃない作業のときは一緒にやりがちです。ささみの筋を取る作業とか！（おねえさん）

料理の完成形をざっくり把握が効率UPの秘訣

おにいさん 料理をするときは完成形までのだいたいの作業を把握しておくのも大事だね。

おねえさん そうすることで、お互い次どんな作業をするのかわかるし、相手がしてほしいことも察することができる！

おにいさん 別々のことをしながらも、何をしてほしいか〝察する〟のはかなり重要だって、ふたりで作り始めてからよーくわかった。

おねえさん 料理を始める前は、お互い最初に何をするのかを確認したりするよね。例えば野菜を切る、調味料を混ぜておくとかね。

おにいさん 広いキッチンじゃないからこそのポジション確保も欠かせないね。最近は俺がシンク側、おねえさんがコンロ側が定位置になってきた。

おねえさん おにいさんが洗い物することが多いからね。

Part

2

ポジティブな日を ごはんでもっと 盛り上げる！

ふたりとも元気な日は
ガッツリ食べて
さらにテンションを
上げていくのが私たちです。

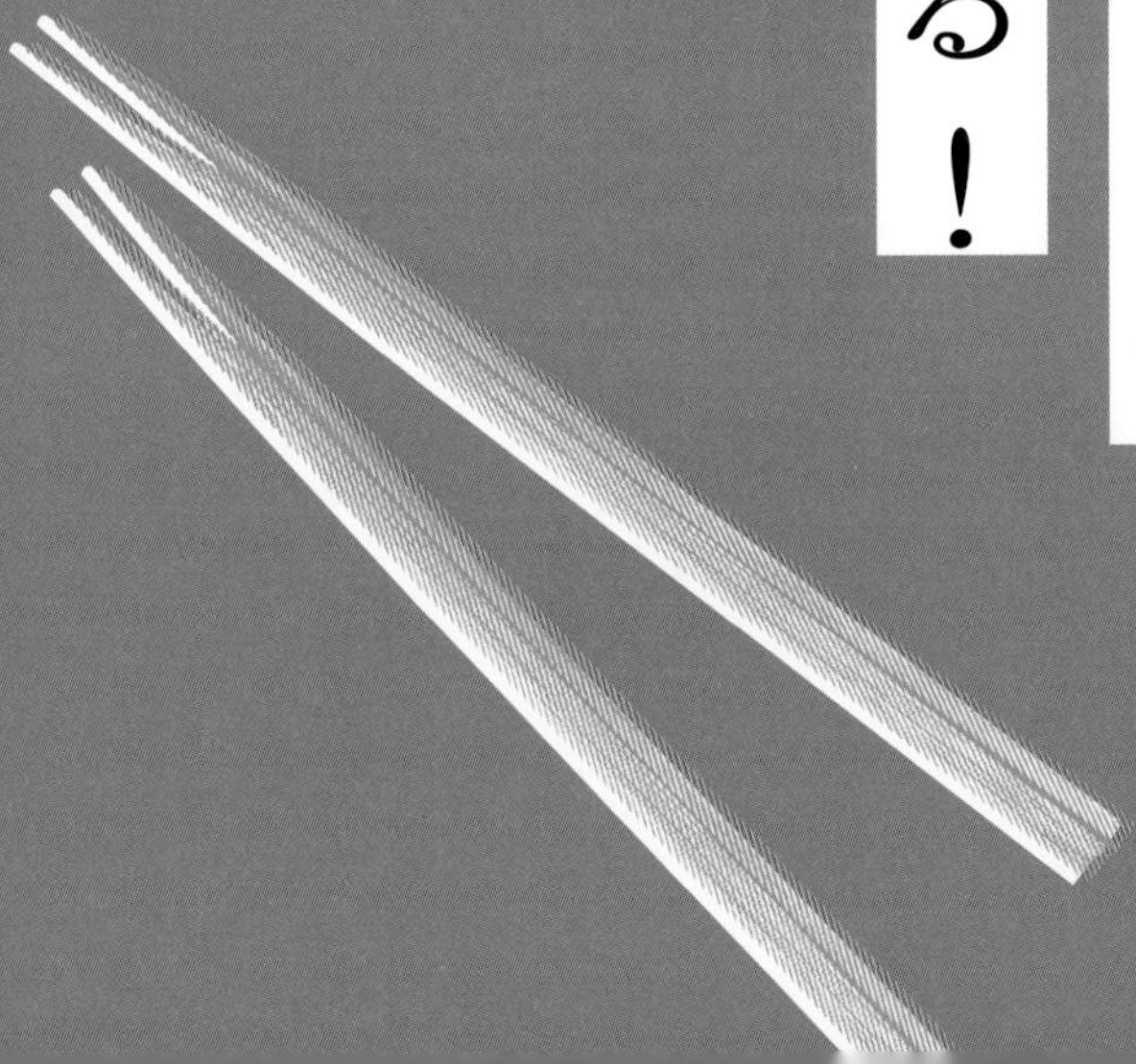

夜はこれから!
元気がありあまっている日①

タルタル唐揚げ

材料

- 鶏もも肉……2枚(500g) 500円
- A チューブ入りにんにく……小さじ1
  - チューブ入りしょうが……小さじ1
  - 中華スープのもと……小さじ2
  - 酒……大さじ2
  - しょうゆ……大さじ2
- 片栗粉……適量
- 小麦粉……適量
- 揚げ油……適量

手順

1. 鶏もも肉はひと口大に切る。
2. ビニール袋に鶏もも肉を入れAをもみ込んだあと約30分おく。
3. 2の水分をキッチンペーパーで軽く拭き取り、片栗粉をつけてから小麦粉をつけ、軽くはたいて余分な粉を取る。
4. フライパンに揚げ油を入れ、中温(170〜180℃)に熱し、3を入れて強めの中火で表面がきつね色になるまでからりと揚げる。

タルタルソース

材料

- ゆで卵……2個 30円
- A みじん切りの玉ねぎ…½個分 15円
  - みじん切りのピクルス……大さじ3 28円
  - マヨネーズ……大さじ5
  - レモン汁……小さじ1
  - 塩こしょう……少々

total ⇨ 2人前:合計573円

手順

1. ボウルにゆで卵を入れ、フォークでつぶす。
2. Aを加えて、全体を混ぜ合わせる。

Point

ビニール袋に鶏もも肉と下味用の調味料を入れて、ビニール袋の上からよくもみ込んで下味をなじませる。

ソースも
作りました
#おにいさん
時間と元気が
ある日は
揚げものをしよう

夜はこれから！
元気がありあまっている日②

ハニーマスタード ポテト

材料

- じゃがいも……3個　180円
- はちみつ……大さじ2
- 粒マスタード……大さじ2
- 揚げ油……適量
- 乾燥パセリ……適量

total ⇨ 2人前：合計180円

手順

1. じゃがいもは皮ごと洗い、皮つきのままくし形に切る。水分をキッチンペーパーで軽く拭き取る。
2. フライパンに揚げ油を入れ、中温（170〜180℃）に熱し、1を入れて、強めの中火で表面がきつね色になるまでからりと揚げる。
3. ボウルに2を入れ、はちみつと粒マスタードを加えて全体を混ぜ合わせる。器に盛り、仕上げに乾燥パセリをふる。

#おねえさん

パーティー感あるフライドポテトで夜が盛り上がる！

市販の冷凍ポテトでもOK

肉巻き オニオンリング

● 材料

豚こま肉	200g	260円
玉ねぎ	1個	30円
塩こしょう	少々	
片栗粉	適量	
サラダ油	大さじ1	
A チューブ入りにんにく	小さじ1	
A しょうゆ	大さじ2	
A 砂糖	大さじ1	
A 酒	大さじ1	
A みりん	大さじ1	
A 片栗粉	小さじ1	

total ⇨ 2人前：合計290円

● 手順

1 玉ねぎは輪切りにして中心部分を取り、ドーナツ形にする。

2 **1**に豚こま肉を巻きつける。塩こしょうをふり、片栗粉をまぶす。

3 フライパンにサラダ油を熱し、**2**の両面を中火で焼き色がつくまで焼き、フタをして玉ねぎに火が通るまで2～3分加熱して器に盛る。

4 **1**で取った玉ねぎの中心部分を粗みじん切りにし、**3**のフライパンに入れ、弱火で炒める。玉ねぎがしんなりしたら、**A**を混ぜ合わせたものを加えて全体をからめる。

5 **4**をドーナツ形の玉ねぎにかける。

#おにいさん

どっちがうまく
巻けるか
楽しく競いながら
作るのがてりやき流

Point

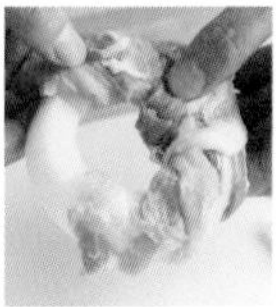

玉ねぎは繊維と直角に幅1～1.3cmの輪切りに。中心部分をはずしてドーナツ形にし、豚こま肉を巻きつける。

#おねえさん

おにいさんの話を聞くことが食事中の楽しみ

同棲を始めてから、笑ってる時間が増えました。特にごはんの時間。食事中はテレビも見ず、音楽もかけず、ふたりの会話のみ。と言っても、おにいさんがよくしゃべるので、その話を私は聞いているだけですけど（笑）。

おにいさんは根がマジメなので、本当に日々いろんなことを考えていて。同じ一日を過ごしていたはずなのに、感じたことがまったくちがっておもしろい。そんなおにいさんの話を私が「へぇ〜」って聞いているのが私たちの日常会話です。おにいさんとしては〝もっとちゃんと意見を返してよ〟って思っているだろうけど（笑）。でも、ふたりともいろんなことを考えていたら、意見がぶつかって大変だと思うんです。かといって、どちらも私みたいに何も考えてなかったら、話がはずまないので楽しくなさそう（笑）。私たちはいいバランスなんだなって思います。

同棲を始めて買ってよかったなと思うのが、ホットプレート。昔、ガスコンロで使うたこ焼き用の鉄板を買って、ふたりでタコパをしたことがあるんです。でも、ガスコンロでしか使えないので、お皿に盛りつけてテーブルに持って行く手間があるし、再度作るときはコンロに行かなきゃなのが微妙で。その点ホットプレートはテーブルで座ったまま調理できるのがラクだし、あったかいまま食べられるのも大満足です！

おにいさんが深夜テンションでがっつりラーメンを食べたくなるときは私が便乗するし、私の食欲が止まらないって日は、おにいさんが便乗（笑）。そういう日は一日中食欲が止まらないので、普段はしない間食をしたり。1回の食事の量よりも回数が増えるんです。カロリーは気にせずに欲望のままに食べる。その時間って、幸せですよね。

#おねえさん

料理中のミスだって おいしくできあがれば 〝アリ〟です

私の楽しい食事時間に欠かせないのが、ビール！ ビールさえあれば、テンションは上がります（笑）。たまに冷蔵庫にビールがない日もあるけど、それでも飲みたいときはビールだけのために買い出しに行く日もあるくらい、ビール好きです。

前はおにいさんがジュースで、私がビールってことも多かったけど、最近はおにいさんから〝ビール飲みたい！〟と言うことが増えたので、とってもうれしいです。ビール好きとしては、やっぱり無理やりじゃなくて〝おいしい〟と思って飲んでもらいたいので。ビールを飲みながらおいしいごはんを食べている時間が、私は一日の中でいちばん好きな時間です。

私たちは料理のプロではないので、料理中にミスをすることもあります。しかもほぼ私のイージーミス（笑）。でも、

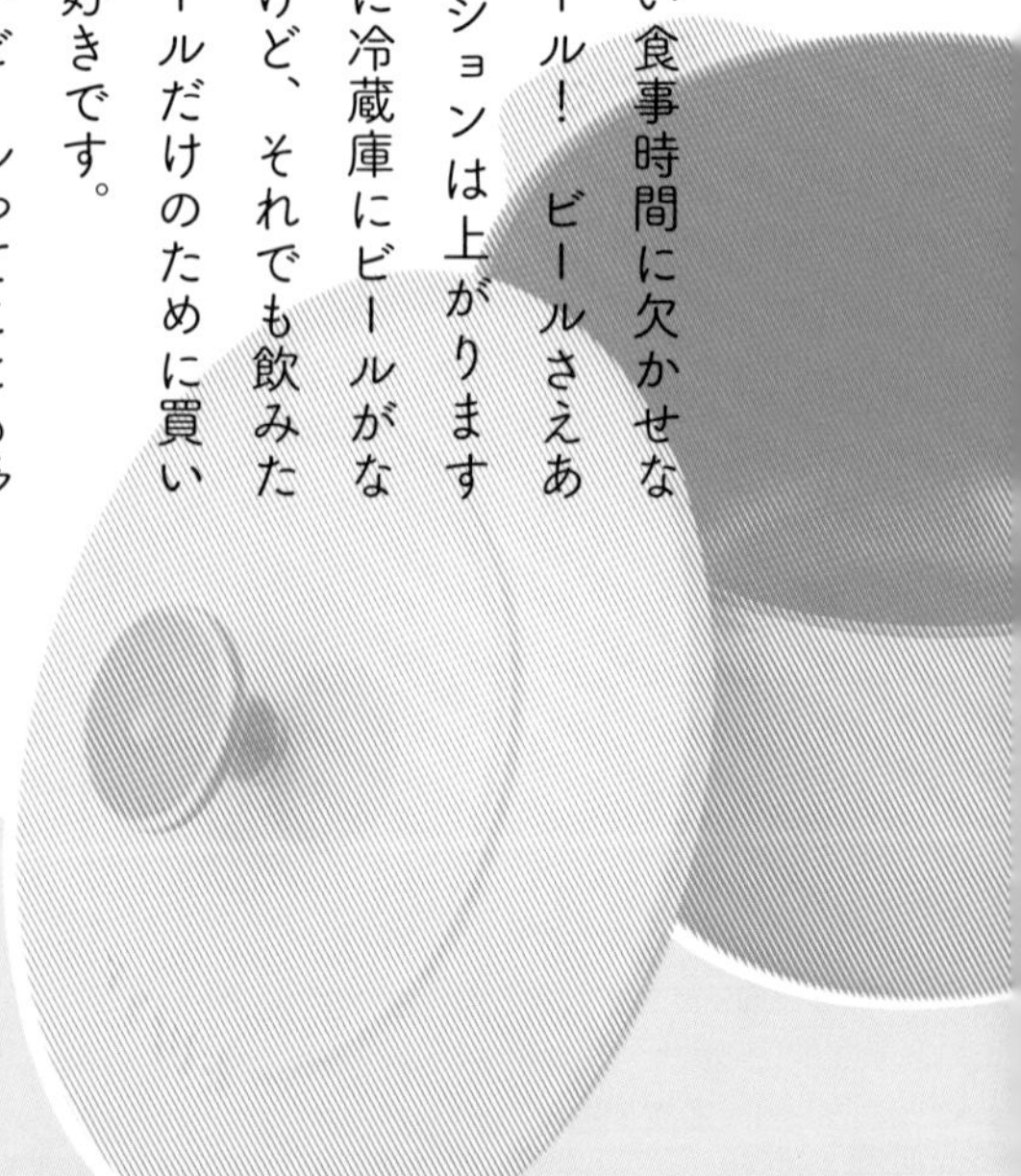

味付けにおいて〝食べられないほどまずい〟となったことはないんです。作りながら味見をして、微妙なときは自分たちの好きなお酢やポン酢を混ぜていけばどうにかなることが多くて。家にそろえてある調味料が、自分たちの好きな味のものだから、大失敗をまぬがれているのかも。ふたりの味覚が似ていてよかったなと思います。

　完成したものを食べて〝焼きすぎ〟とか〝しょっぱいかも〟とかっていう感想になるときもあります。そのときは次にいかせるように反省会。そうやってお互いに素直に感想が言い合えるのも、ふたりで作っているからこそだと思います。どっちが悪いわけでもなく、お互いの失敗という認識になっているから。

　大きな失敗ではないけど、カレーを作ろうとしてシャバシャバになっちゃったときがあったなぁ。そのときはふたりで分け合って、ちゃんと全部食べました。ここでも、負担の分け合いです（笑）。

#おねえさん

チャンネル名の由来に
するほどのおいしさで
無限にいける！

ごはんも
進む

食欲が止まらない爆食Day①

てりやきチキン

材料

- 鶏もも肉 …………………… 2枚(500g) 500円
- 塩こしょう …………………… 少々
- 片栗粉 …………………… 大さじ4
- サラダ油 …………………… 大さじ1
- レタスの葉 …………………… 2枚 10円
- ミニトマト …………………… 6個 38円
- A 酒 …………………… 大さじ3
- 　しょうゆ …………………… 大さじ3
- 　みりん …………………… 大さじ3
- 　砂糖 …………………… 大さじ2

total ⇨ 2人前:合計548円

手順

1 鶏もも肉はこぶしで叩いて平らにし、片面ずつフォークで刺す。

2 両面に塩こしょうして、片栗粉をまぶす。

3 フライパンにサラダ油を熱し、皮目を下にして木べらで押しつけながら中火で焼く。皮目に焼き色がついたら、ひっくり返して両面焼く。両面に焼き色がついたら、フタをして3～5分蒸し焼きにして中まで火を通す。

4 鶏もも肉から出た脂をキッチンペーパーで拭き取り、Aを混ぜ合わせたタレを入れてからめる。器に盛りつけレタスとミニトマトを添える。

Point

まな板の上に鶏もも肉をのせラップをかぶせ、鶏肉の厚みをそろえて火が均一に入るように、こぶしで叩いて平らにする。

縮みを防いで柔らかく焼き上げるために、平らにした鶏もも肉を片面ずつフォークで5～6か所刺す。

#おにいさん

肉とチーズが
すさまじい食欲を
満たしてくれる

チーズタッカルビ

チーズは大量に

材料

材料	分量	価格
鶏もも肉	大きめ1枚(300g)	300円
キャベツ	小¼玉(約200g)	25円
にんじん	1本	20円
玉ねぎ	½個	15円
ピーマン	2個	40円
トッポギ	6個	40円
ピザ用チーズ	100g	70円
ごま油	大さじ1	
A チューブ入りにんにく	小さじ1	
A チューブ入りしょうが	小さじ1	
A コチュジャン	大さじ3	
A 酒	大さじ3	
A しょうゆ	大さじ1	
A 砂糖	大さじ1	
白ごま	適量	

total ⇨ 2人前:合計510円

手順

1 鶏もも肉はひと口大に切る。キャベツはザク切り、にんじんは皮をむき短冊切り、玉ねぎは薄切り、ピーマンは種を取り細切りにする。

2 ボウルにAを入れて混ぜ合わせ、1の鶏もも肉を入れて漬けておく。

3 ホットプレートにごま油をひいて熱し、キャベツを全面に敷き、その他の野菜、2の鶏もも肉をのせ、フタをして7〜8分蒸し煮にして材料に火を通す。

4 トッポギを加え、鶏もも肉を漬けたタレ、チーズをかける。フタをして2〜3分蒸し煮にする。仕上げに白ごまをふる。

Point

ボウルにタレ用の調味料と鶏もも肉を入れて、漬け込んで下味をつける。

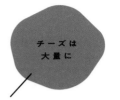

アツアツで食べる!

食欲が止まらない爆食Day③

ペッパー焼き肉ごはん

材料

牛こま肉	300g	480円
きざみ小ねぎ	1本分	5円
コーン	120g	40円
バター	10gを2かけ	40円
サラダ油	大さじ1	
温かいごはん	茶碗2杯分	
A チューブ入りにんにく	小さじ1	
A チューブ入りしょうが	小さじ1	
A 酒	大さじ1	
A しょうゆ	大さじ1	
ブラックペッパー	適量	
焼き肉のタレ	適量	

total ⇨ 2人前:合計565円

手順

1 ボウルに牛こま肉とAを入れ、混ぜ合わせて下味をなじませる。

2 ホットプレートにサラダ油を熱し、ごはんをのせて丸い形にする。

3 ごはんのまわりに1の牛肉を置き、ごはんの上にコーン、小ねぎ、バターをのせる。牛こま肉に火が通ってきたら、ブラックペッパー、焼き肉のタレをかけて全体を混ぜ、ホットプレートで焼きながら食べる。

Point

ごはんはホットプレートの上を滑らせながら角を使って丸くする。型を使わなくてもかんたんに円形に。

#おにいさん
食べごたえ満点なのに
意外と時短系。
疲れた日の爆食に

#おにいさん

おねえさんのおかげで好きになれたものが食事を楽しくする

金曜はふたりして深夜テンションになりがち。いつもは安い発泡酒だけど、ちょっと高いビールをふたりで買いに行ったり。お風呂に入って、もう寝るだけの状態なのに、お腹が空いてインスタントラーメンをアレンジしたくなることも多いです。

だいたい深夜にがっつりしたものを食べたくなるのは僕。それにおねえさんが便乗して「お酒買いに行くか!」って深夜のドンキに走ることも。僕はもともとお酒よりもジュースのほうが好きだったんですが、おねえさんがビール大好きな人なので、付き合って一緒に飲むうちに、僕もビールが好きになりました!

ふたりで作るようになって〝ちょっと凝ったものを作ってみよう〟と思う日も増えました。ひとり暮らしのときは、食べられたらなんでもよかったのに(笑)。前に動画撮影

で作ったポテトチップスはそのいい例。じゃがいもがあまりそうだし、おつまみにもなるし、作ってみることにしたんですよね。正直、手順はめちゃくちゃめんどくさい（笑）！　でもふたりで作るから雑談もするし、作業も分けられるから、すごく楽しかったんです。揚げたてのポテトチップスを食べられたことにも感動！

この章で紹介している〝チーズタッカルビ〟も、同じく自分で作るのを想定してなかった料理ですね。〝家で作って食べられる！〟と、喜びがいつものごはんよりも倍増しています。

僕、おねえさんと料理をするまでは、誰かと一緒に料理をしたことがほぼないんです。母親は料理をよくする人だけど、キッチンにはあまり入ってきてほしくないタイプの人で。誰かと一緒に料理をすることの楽しさは、おねえさんと暮らして初めて知りました。効率もいいから、ちょっとめんどくさい作業もやってみようと思えるのは、同棲を始めたおかげ。

#おにいさん

仲がいいからじゃなくて お互いのために料理を したら仲が深まった

僕らのYouTubeを見てくださっている方から〝ふたりみたいに恋人と仲よく料理をしたいけど、どうしたらいいか〟という質問をよくいただきます。でも、僕らは、仲がいいから料理をしているわけじゃないんです。僕らが同棲をして一緒に料理を始めたのは〝負担を折半する〟という考えから。曜日ごとに料理担当を決めると、負担が偏る日も出てきて、バランスがくずれてしまう。その結果不満も増えて、長続きしないんだろうなと思います。

負担を完全に折半するべく、いざ一緒に料理をしてみたら、息も合うし、一緒に過ごす時間も増えて、結果的に仲が深まった。もし最初から仲よくなることを目的にしていたら、相手の言動が気になって、険悪になっていたかも。僕らは負担を減らすために動き合っているので、料理中に

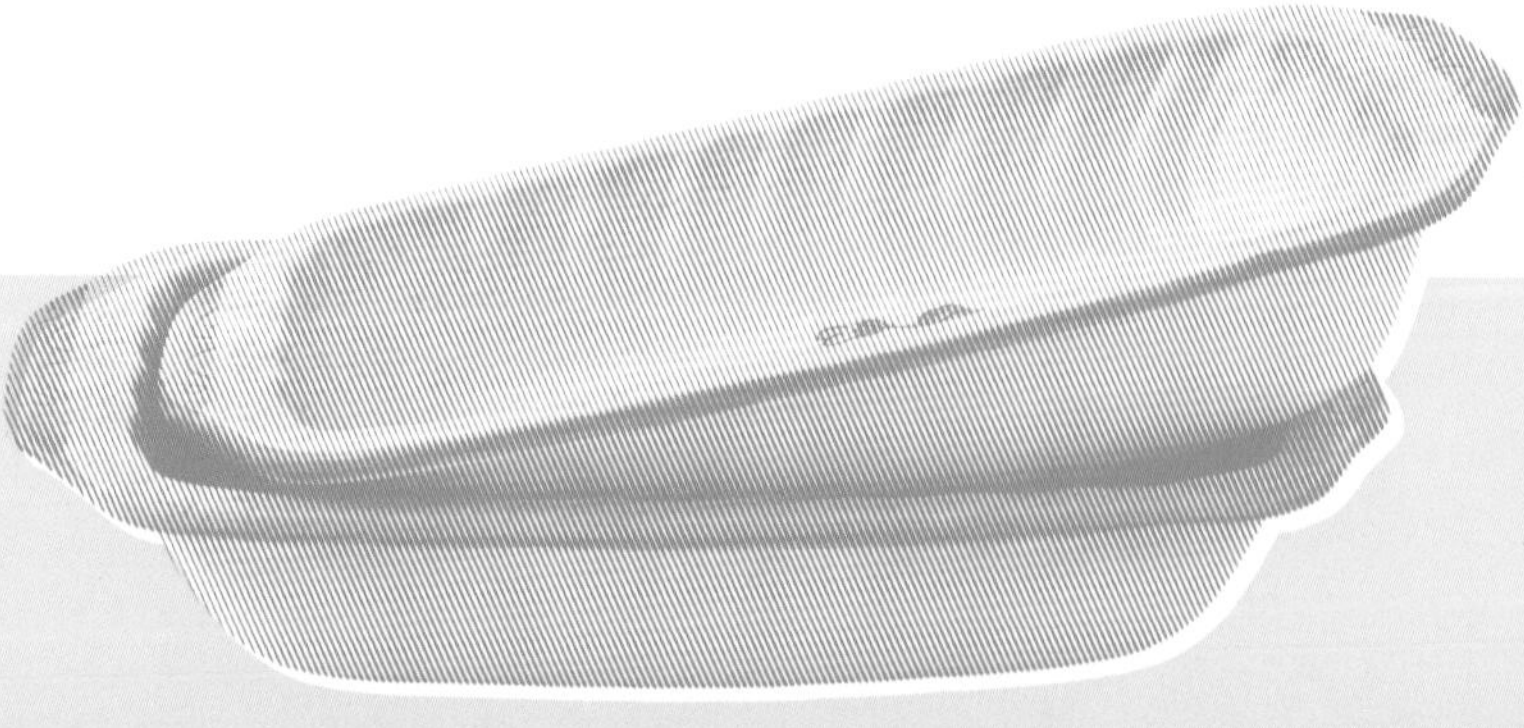

ケンカをしたことは1回もないです。

　ケンカをすることなく、毎回楽しく料理ができているのは、おねえさんの性格による部分が大きいのかなと僕は思っています。僕は小さなミスも気にしがち。でも、おねえさんはそうじゃない。〝ペッパー焼き肉ごはん〟を作ったときも、本来は生肉をプレートに盛りつけてから、混ぜながら肉を焼くのに、おねえさんが最初に肉を焼いちゃって（笑）。僕としては〝うわ～！〟って落ち込むミス。でも当の本人が〝大丈夫！〟ってまったく気にしていないし、むしろミスったことに笑ってたりもして。

　気にしいな僕が挑戦したことない料理を作ろうと思えるのは、おねえさんのおかげ。たとえ僕が失敗したとしても、おねえさんは笑い飛ばしてくれるので。

　料理に限らず、家事においても僕のこだわりに対して、おねえさんは何か言ってくることがないんです。おねえさんの、いい意味でのこだわりのなさとポジティブさのおかげで、僕らの同棲生活は今日も平和です。

深夜のハイテンション①

納豆キムチ丼

材料

納豆	2パック	26円
キムチ	100g	37円
ごま油	小さじ2	
温かいごはん	茶碗2杯分	
卵黄	2個分	30円
きざみ小ねぎ	1本分	5円
海苔	1枚	20円
白ごま	適量	

total ⇨ 2人前:合計118円

手順

1 ボウルに納豆（付属のタレ、からしも一緒に）、キムチ、ごま油を入れて混ぜる。

2 器にごはんをよそい、**1**をのせ、小ねぎ、卵黄、カットした海苔をトッピングして、白ごまをふる。

小腹が空いたときの救世主!

#おねえさん
夜の謎テンションを
盛り上げてくれる
味濃いかんたん丼

アレンジに
本気

#おにいさん

どうせ食べるなら
カロリー無視で
超パワー夜食！

深夜のハイテンション②

夜のインスタントみそラーメン

材料

- 豚こま肉……200g　260円
- インスタントみそラーメン……2袋　160円
- キャベツ……小¼玉（約200g）　25円
- もやし……1袋　28円
- にんにく……5かけ（約25g）　23円
- サラダ油……大さじ1
- 水……1000㎖
- A
  - コチュジャン…大さじ1
  - 八丁みそ……大さじ½
  - 合わせみそ……大さじ½
- 半熟卵……2個　30円
- コーン……120g　40円
- バター……10gを2かけ　40円
- きざみ小ねぎ……2本分　10円

total ⇨ 2人前：合計616円

手順

1 鍋にサラダ油を熱し、みじん切りにしたにんにくを炒める。豚こま肉を加えて炒め、肉の色が変わったら、ザク切りにしたキャベツ、Aを入れてさらに炒める。

2 もやしを加えて水を入れる。沸騰したらインスタントラーメンの麺を入れ、表示の時間通りに加熱して付属の調味料を加える。

3 器に盛り、半熟卵、コーン、小ねぎ、バターをトッピングする。

ほっこりゆったりな日①

大根おろしの卵とじ丼

材料

大根	約15cm	50円
溶き卵	2個分	30円
温かいごはん	茶碗2杯分	
サラダ油	小さじ1	
A 白だし	大さじ1	
A しょうゆ	大さじ1	
A みりん	大さじ1	
A 砂糖	小さじ1	
きざみ小ねぎ	2本分	10円

total ⇨ 2人前：合計90円

手順

1 大根は皮をむき、おろして水気をきる。

2 1にAを加えて混ぜる。

3 フライパンにサラダ油を熱し2を入れてサッと加熱し、溶き卵を入れてフタをして火を止め、余熱で火を通す。

4 器にごはんをよそい、3をのせる。

お財布にも優しい

#おねえさん
落ち着きたい日は
優しいメニューを
食べる

具が
たっぷり
#おにいさん
愛知県岡崎出身の
僕たち。
地元の赤だしで
癒やされます
ほっこりゆったりな日②

赤だしの豚汁

● 材料

豚こま肉	100g	130円
大根	約5cm	17円
にんじん	1本	20円
冷凍きざみオクラ	60g	20円
絹ごし豆腐	1丁(300g)	26円
ごま油	大さじ1	
水	500mℓ	
A 八丁みそ	大さじ2 ½	
A 和風だしの素	小さじ1	

total ⇨ 2人前：合計213円

● 手順

1 大根とにんじんは皮をむいて、2mm幅の輪切りにしたあと、大根は4等分、にんじんは2等分にする。

2 鍋にごま油を熱し、豚こま肉を炒める。大根、にんじん、冷凍オクラ、水を入れて沸騰させる。

3 アクを取り、さいの目に切った豆腐、Aを加えてみそを溶かす。

ふたりでやると楽しい作業っていったいなんだろう？

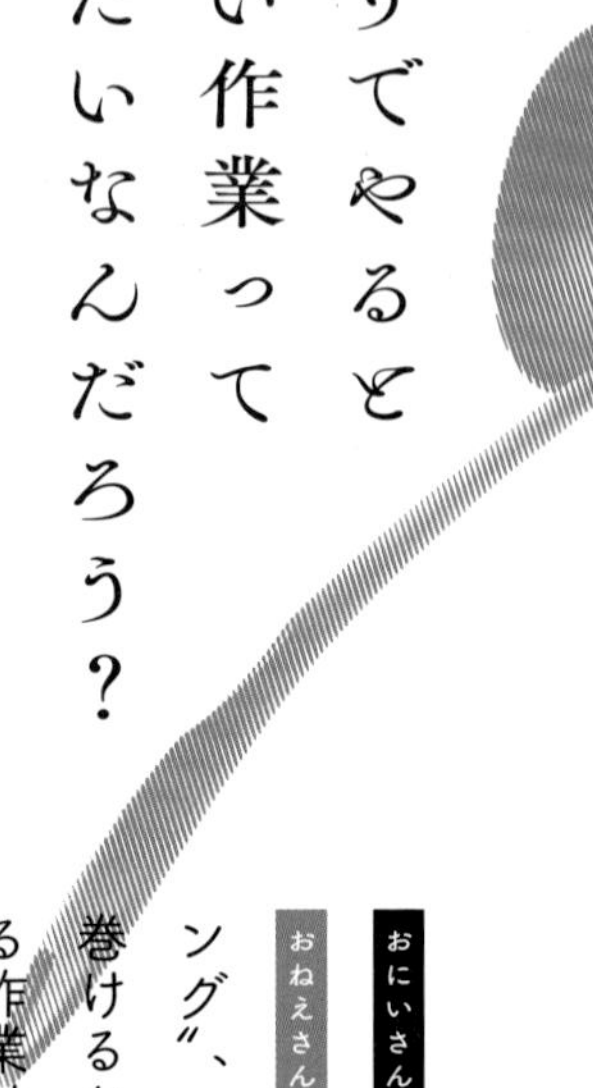

おにいさん 楽しい作業かぁ。

おねえさん 〝肉巻きオニオンリング〟、どっちがうまく肉を巻けるかとか？ 時間がかかる作業は一緒にゲーム感覚でやると楽しい！

おにいさん うん。ただ、〝競争しよう〟って言ってやってるわけじゃなくて、自然と競ってることが多いよね。

おねえさん 最初に私がやってるのを見て、おにいさんが「俺がやったらもっとうまくできる」って言って始まることが多くない（笑）？

おにいさん あぁー確かに。

おねえさん おにいさんがやってるのを見て、〝そうでもねぇぞ？〟って思って、対抗して私もやるんだよね。基本、別々の作業をしてるから、たまに同じ作業をすると楽しい。

おにいさん 普段は負担を折半しながらやっているけど、どうせなら一緒にやって楽しい時間にはしたいからね。

おねえさん　おかげでストレスなく暮らせてる。でも出会った当初は気を使ってた時期もあったよね。

おにいさん　……うーん？　俺としては相手が気を使ってるなと思ったら、俺も同じくらいかそれ以上に気を使ってしまうタイプなのよ。

おねえさん　おにいさんはマジメだからそうだね。

おにいさん　出会ってわりとすぐのときから、おねえさんが気を使ってないなって感じたから、俺もまぁいいかって思ったんだよね（笑）。

おねえさん　多分〝気を使う〟のハードルがちがったんだろうね。私の多少の気遣いが、おにいさんにとっては全然気を使ってなかった（笑）。

おにいさん　結果としてそれが居心地よかったから、いいすれちがいだったね（笑）。

4年間付き合えている理由は？

相手のココが好き！

まったく違うところや、ちょっと似てるところ。
私たちが一緒にいたいと思える理由がコレ！

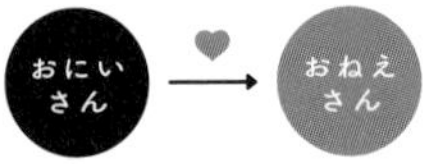

新しいことに抵抗がない

似ているところでもある部分。旅行中、ガイド本に載っていないような場所に「行く？」というと「アリ」と答えてくれたり。YouTubeチャンネル開設にも、「アリ」と答えてくれたから、今があります。（おにいさん）

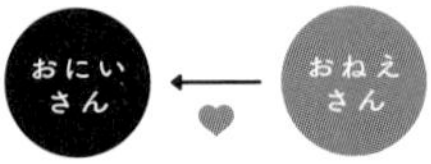

根がとってもマジメ

考えすぎてしまうこともありますが……（笑）。料理の作業も、大さじ1をきっちりはかったり、盛りつけもきれいにしてくれたり、おにいさんのマジメさのおかげで人様に見せられる料理に仕上がってます。（おねえさん）

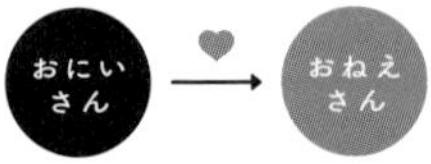

とにかく器がでかい

僕が逆の立場だったら怒るかも……というようなことでも、おねえさんは怒らない。僕が器の大きいほうではないと自覚しているので、おねえさんの器が小さかったら、ケンカだらけだったと思います。（おにいさん）

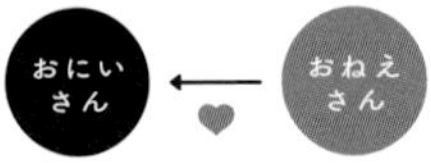

意見を否定しない

仕事に関するちょっとした愚痴に対して、マイナスなことは言われたことがないです。私自身もおにいさんの話に、否定はしたことがない気がします。だからこそポジティブな雰囲気になれているのかも。（おねえさん）

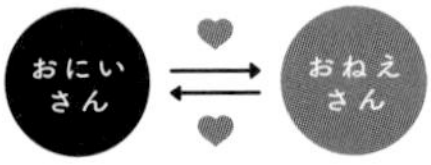

お金の使いどころが同じ

旅行のとき、ホテルにお金をかけるよりも、現地だからこその食べ物にお金をかけたいと思ったり、感覚が似てる。（おにいさん）ちょっとの移動だったら歩いちゃうかってなるところも一緒だね！（おねえさん）

同棲生活において避けられないお金の問題

おにいさん　〝お金の使いどころが同じ〟っていうのは、同棲がうまくいっている大きな要因な気がする。

おねえさん　お金の問題は生活する上で切りはなせないものだから。

おにいさん　旅行のときもお金の使いたいところが一緒だと、素直に楽しめていいよね。

おねえさん　ここにあがってる5つは全部、同棲を始める前から知っていた部分なのもけっこう大事なことかも？

おにいさん　半同棲期間が割と長くあったことが……ってこと？

おねえさん　そう。その期間にお互いがどういう人なのかっていうのをちゃんと知れていたから、同棲しても大丈夫だろうなって思えた。

おにいさん　確かに。あの半同棲期間があったから、同棲してもそれまでの暮らしと変わらない確信があったよ。

Part

3

悲しい日も つらい日も ごはんが 助けてくれる

どんなふたりだって、
いつも幸せでいられるわけじゃない。
おいしいものパワーで
元気を出したいときにおすすめのレシピ。

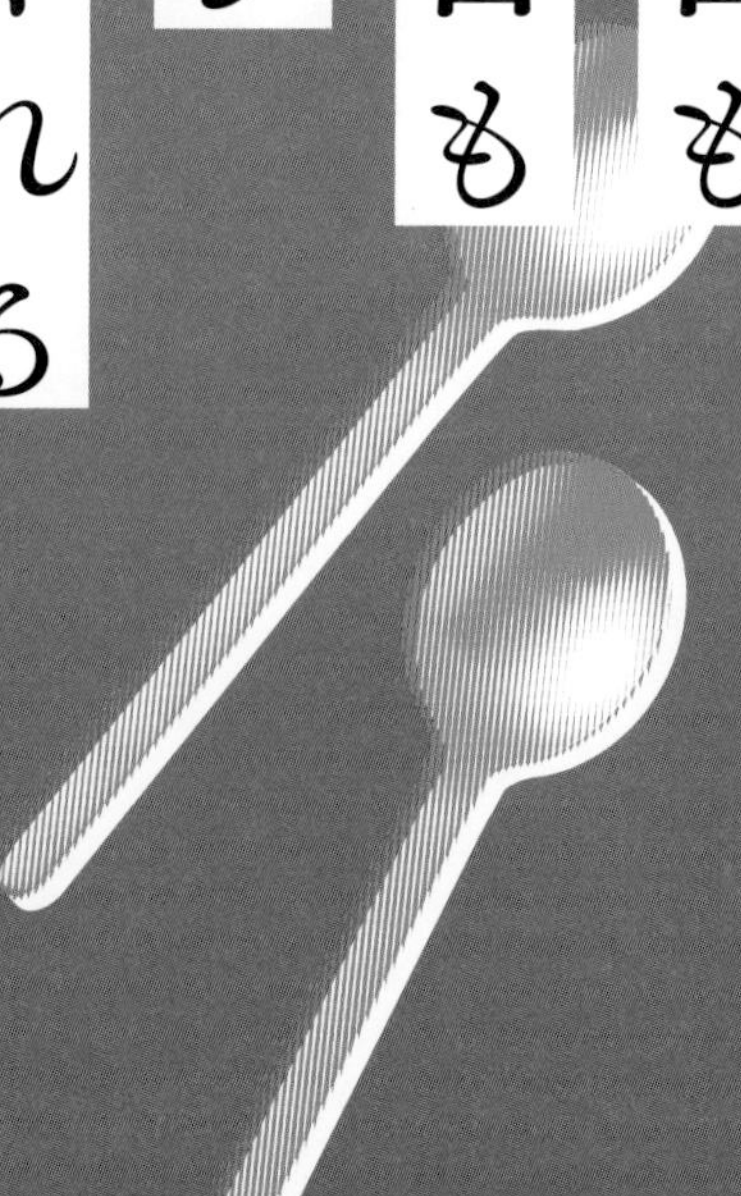

#おねえさん

がんばれない日に おにいさんが 作ってくれたもの

肉パワースタミナ丼

材料

豚こま肉		300g	390円
玉ねぎ		1個	30円
にんにく		5かけ(約25g)	23円
長芋		300g	150円
ごま油		大さじ1	
温かいごはん		茶碗2杯分	
卵黄		2個分	30円
きざみ小ねぎ		4本分	20円
細切りの海苔		½枚分	10円
白ごま		適量	
A	チューブ入りしょうが	小さじ1	
	酒	大さじ3	
	しょうゆ	大さじ3	
	中華スープのもと	小さじ1	
	みりん	小さじ1	
	砂糖	小さじ1	

total ⇨ **2人前:合計653円**

手順

1 豚こま肉はひと口大に切る。玉ねぎとにんにくは薄切りに、長芋は皮をむいてすりおろす。

2 フライパンにごま油を熱してにんにくを炒め、きつね色になったら玉ねぎを入れて炒める。

3 玉ねぎがしんなりしたら、豚こま肉を入れてさらに炒める。

4 肉の色が変わったら混ぜ合わせたAを加えて、肉にからめて水分が少なくなるまで煮詰める。

5 器にごはんをよそい、長芋をかけ、**4**をのせ、小ねぎ、海苔をかけ、卵黄をのせて、白ごまをふる。

Nice!

豚肉、玉ねぎ、にんにく、長芋、卵黄はスタミナチャージ食材。丼ものにすれば、いっぺんに摂れるから便利。味のバランスもよし。

疲れてぐったりしている日②

トマトとオクラのねばねば和え

材料

- トマト……1個 76円
- 長芋……100g 50円
- 冷凍きざみオクラ……50g 17円
- A ポン酢……大さじ2
- A めんつゆ（3倍濃縮タイプ）……小さじ1

total ⇨ 2人前：合計143円

手順

1 トマトは小さめのザク切り、長芋は皮をむいておろす。冷凍オクラは表示通りに解凍する。

2 1とAを混ぜる。

さっぱり
食べやすい
#おねえさん
疲れているときは
ねばねばしたものが
食べたくなる

お野菜
たくさん
#おねえさん
業スーの冷凍アイテムで
手抜きマリネ。
生野菜&魚介を
ゆでてもOK

疲れてぐったりしている日③

具だくさんマリネ

● 材料

玉ねぎ	1個	30円
ミニトマト	6個	38円
冷凍パプリカ	60g	22円
冷凍ブロッコリー	120g	36円
冷凍イカ	60g	40円
冷凍むきえび	30g	40円

A
- 酢……大さじ5
- オリーブオイル……大さじ2
- ガーリックシーズニング……大さじ1
（またはガーリックパウダー　大さじ1）
- 砂糖……小さじ1

total ⇨ 2人前：合計206円

● 手順

1 玉ねぎは薄切りにして塩（分量外）でよくもみ、水に5〜10分つけたあと水気を絞って辛みを取る。ミニトマトはヘタを取って半分に切る。冷凍野菜、冷凍イカとむきえびは表示通りに解凍・加熱する。

2 1とAを混ぜ合わせる。

#おにいさん

疲れたり 落ち込んだりしたときは 〝お互いさま〟の気持ち

僕にとって料理や洗濯、掃除などの家事は気分転換のひとつ。なので、リモートワークやYouTubeの編集作業で疲れたときはリフレッシュのために家事をすることが意外と多かったりします。まとめ洗いをした洗濯物をハンガーにかける時間とか、無心になれて好きです。

ただ、家事をやっても気分転換にならないときもあります。それは、疲れているときじゃなく、気分が落ちているとき。僕は心配性でネガティブな性格だから、感情の浮き沈みが大きいほう。そういうときの僕はソファに横になってグダーッとしていることが多いです。そうなってしまうと、まったく使いものにならない（笑）。

落ち込んだ僕が使いものにならないことは、おねえさんがいちばんわかってくれている。なので、おねえさんも放

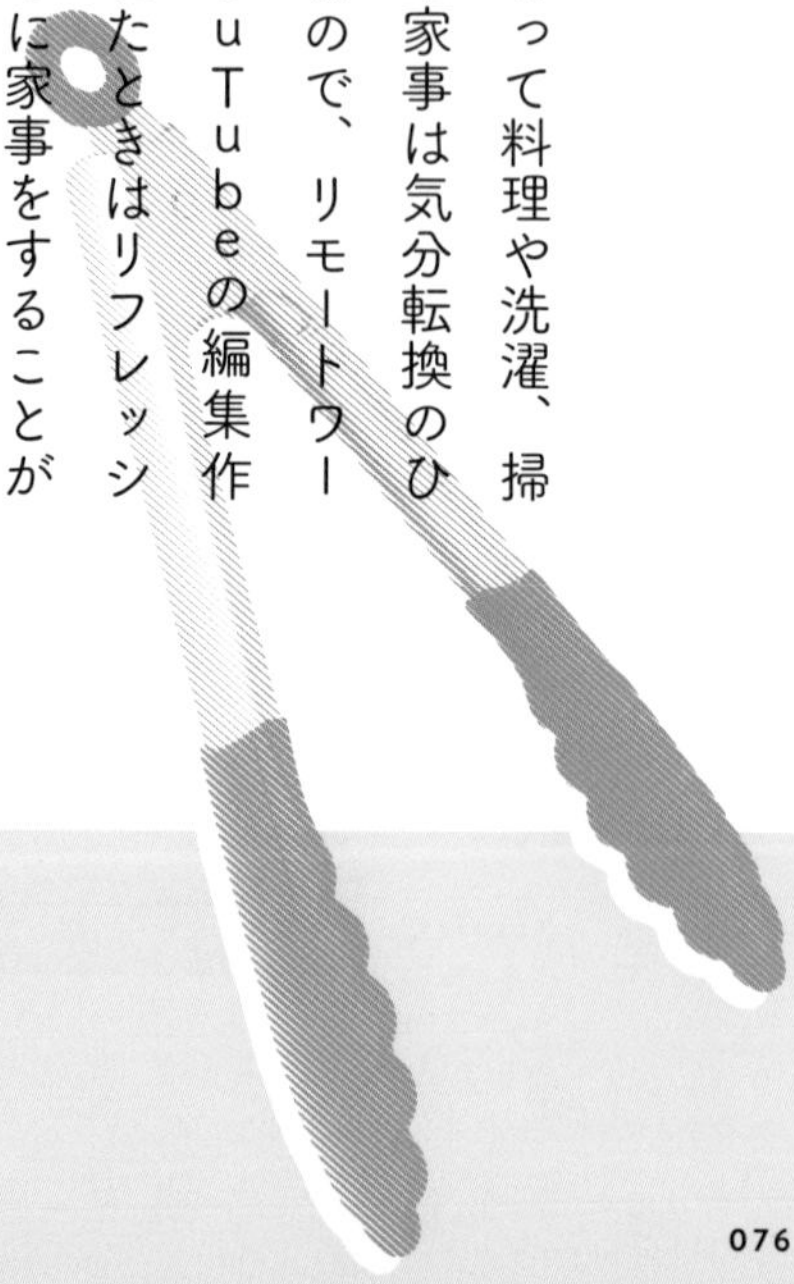

っておいてくれることがほとんど。僕からも「今日はちょっとしばらく話しかけないで」とちゃんと伝えます。テーブルを挟んで向かいっていう近距離におねえさんはいるけど、ひとりでスマホをいじったりしているので、気にならないです。

ソファで1時間くらい寝ると、起きたときにはほぼ冷静になっています。落ち込みやすいけど、引きずりすぎることはないです。気持ちが回復したら、お腹も空いてくるので、一緒に料理をします。そういうときは、先におねえさんが作り始めてくれることも多くて。そこに後から僕が合流していく感じです。

おねえさんが疲れていて、僕が先に料理を作り始めることも、もちろんあります。〝肉パワースタミナ丼〟はおねえさんが疲れているから〝元気出せよ〟と思って作ったもの。困ったときはお互いさまだし、〝もし俺が落ち込んでいたら頼むよ〟っていう気持ちで作ってる部分もちょっとありますね（笑）。

#おにいさん

気持ちを救ってくれるのはちょっと贅沢な食材

一緒に暮らしていく中で、お互いの気持ちの変化にはどんどん敏感になっているような気がします。僕はソファにグダーッと横になるのが、おねえさんはいつもより声のトーンが低くなるのが、気持ちが落ちているサイン（笑）。わりとわかりやすいふたりです。

ただ、おねえさんは僕とはちがって、気持ち的に落ち込むことは少ない気がします。〝疲れた〟とかはもちろんあるけど、〝もうダメだ〟みたいな落ち込みがない。それは本当にリスペクトしている部分。

単純にごはんを食べると気持ちは切り替わりますよね。ストレス発散のためにいっぱい食べるってことはないけど、おいしいごはんを食べるだけでも、気分がリフレッシュされるなと思います。

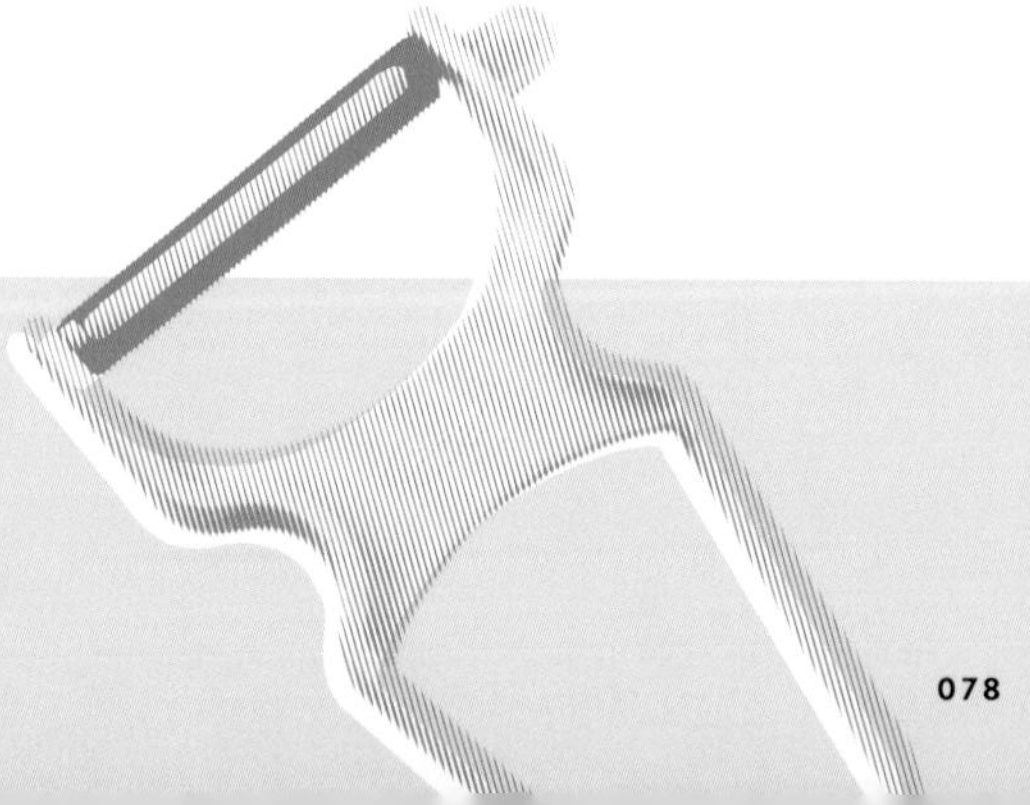

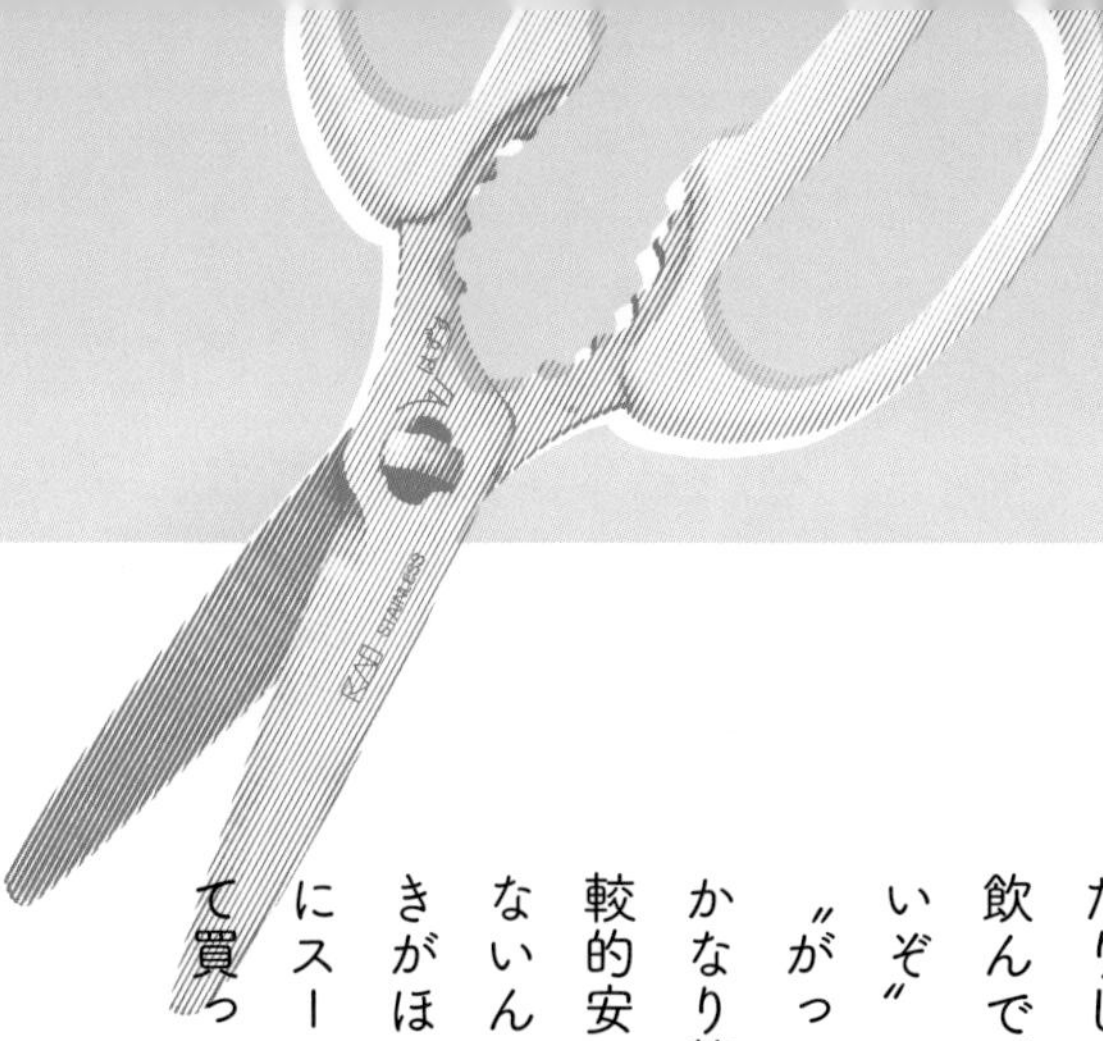

元気を出したい日に冷蔵庫を開けて生ハムがあると、ふたりともテンションが上がることが多いです。僕らにとって生ハムは高級食材で、安くなっているときにしか買わないものなので。買ったその日には食べないでいて、数日後に冷蔵庫にあるのを見つけると〝こんないいものがあるじゃん〟ってうれしい。〝生ハムと玉ねぎのユッケ〟を作ったりして、気持ちを上げるためにいつもよりいいビールを飲んで。その日はお金のことは気にせずに、〝贅沢していいぞ〟って自分たちに優しくしてあげるのも大事なこと。

〝がっつりローストビーフ丼〟も牛肉を使っている時点で、かなり贅沢な料理！　いつもは鶏むね肉や豚バラ肉とか比較的安いお肉を買っているので、牛肉自体、そんなに買わないんです。僕たちが牛肉を買うのは割引になっているときがほとんど！　疲れていたり、気持ちが落ちているときにスーパーに行って、牛肉が割引されていたら、思いきって買って、自分たちの気持ちを上げたりもします。

#おにいさん

肉を見ると上がる！
ローストビーフは
意外とかんたん

どうにかテンションを上げたい①

がっつりローストビーフ丼

材料

- 牛ももブロック肉…300g（長さ15cm×幅6.5cm程度のもの） 540円
- 塩こしょう……………少々
- サラダ油…………大さじ1
- 温かいごはん…茶碗2杯分
- レタスの葉……………4枚 20円
- かいわれ大根……½パック 30円
- 卵黄…………………2個分 30円

〈ブラウンソース〉

- 玉ねぎ…………………1個 30円
- サラダ油…………大さじ1
- A
  - チューブ入りにんにく…小さじ1
  - 赤ワイン……大さじ3
  - しょうゆ……大さじ4
  - みりん………大さじ4
  - 砂糖…………大さじ1

〈ホワイトソース〉

- マヨネーズ………大さじ4
- 豆乳………………大さじ4 8円
- チューブ入りわさび……………………小さじ½
- ブラックペッパー……適量

total ⇨ 2人前：合計658円

手順

1. 牛ももブロック肉に塩こしょうをふって全体にすり込む。フライパンにサラダ油を熱し、肉の全面を1〜2分ずつ焼き、焼き色をつける。
2. 肉をラップで二重に包み、さらにアルミホイルで包む。鍋に湯を沸かして肉を入れて弱火で約5分加熱し、火を消して20〜30分そのままにする。
3. ブラウンソースを作る。フライパンにサラダ油を熱し、みじん切りにした玉ねぎを炒める。玉ねぎがしんなりしたら、Aを入れて2〜3分煮詰める。
4. ホワイトソースの材料をすべて混ぜ合わせる。
5. 器にごはんをよそい、薄くスライスした牛肉をのせ、ブラウンソースとホワイトソースをかけ、レタス、かいわれ大根、卵黄を盛りつける。

Point

鍋にたっぷりの水を入れて沸騰させ、ラップを二重にして、さらにアルミホイルで包んだ牛ももブロック肉を入れ、弱火で5分加熱。火を消し、余熱で加熱して牛肉に火が通りすぎるのを防ぐ。

煮込み時間
なし

どうにかテンションを上げたい②

卵黄のせキーマカレー

材料

豚ひき肉	360g	432円
玉ねぎ	1個	30円
にんじん	1本	20円
ピーマン	2個	40円
カレールウ	3かけ	40円
卵黄	2個分	30円
温かいごはん	茶碗2杯分	

total ⇨ 2人前：合計592円

手順

1 野菜はすべてみじん切りにし、カレールウはきざむ。

2 鍋に油をひかずに豚ひき肉を入れ、中火で加熱しながらひき肉がパラパラになるように炒める。ひき肉の色が変わったら玉ねぎを入れて炒める。

3 玉ねぎがしんなりしたら、にんじんとピーマンを入れてさらに炒める。

4 野菜に火が通ったらカレールウを加えて、全体を混ぜ合わせる。

5 器にごはんをよそい、4をかけて卵黄をのせる。

Point

みじん切り器を使うと玉ねぎのみじん切りがあっという間にできる。

水を加えないキーマカレーは、カレールウをそのまま入れると溶けにくいので、カレールウはきざんでおく。

#おねえさん

最後にのせる卵黄が
テンションUPの
カギに

#おねえさん

私とおにいさんは真逆だからうまくいく

おにいさんはとても落ち込みやすくて、しかも落ち込んでいるのがかなりわかりやすい！　ソファにひたすらグダーッとなったり、スーパーでの買い物中に、心ここにあらずでまったく使いものにならなくなります。繊細な人なので、月1～2回はあるかも（笑）。

ソファにいるときは放っておけばいいけど、スーパーにいるときはそうもいかない。落ち込んだ原因のことで頭がいっぱいになって、ほかの思考が止まっているので、値段を見て考えたりができなくなる（笑）。私が「そんなに落ち込まなくて大丈夫だよ」って言い続けると「そうかなぁ」って少しずつ浮上。あとは「ポン酢取ってきて」とか指令を出すと、その通りに動くことはできる（笑）。思考が止まっていて、自分で考えて行動できないだけ。言われたことを行動にうつす中で、おにいさんのメンタルが少しずつ

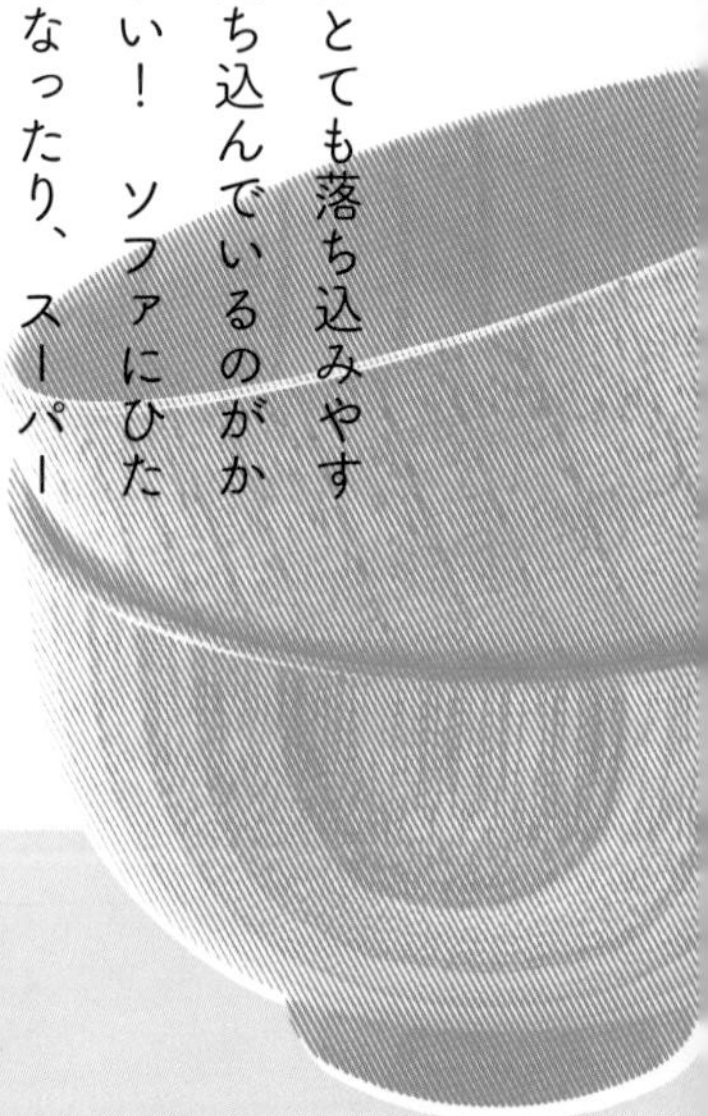

戻ってくるのがよくある流れです。

ちなみにおにいさんは、かなりのビビリでもあります。外を歩いてるときに飛んできたちょっと大きめの葉っぱに「うわぁ！」ってビビってたときは〝こいつマジか〟って思いました（笑）。ネガティブなところもビビリなところも、私とはかなり真逆な人。それが一緒にいて飽きない部分でもあります。

私の場合はネガティブな気持ちで落ち込むことはほぼなくて。それはあまり深く考えて生きていないからですが（笑）。でも生理前とか、どうしても気分が浮き沈みすることはある。そんなときおにいさんは、いつもより反応の薄い私を見て、それ以上は話しかけてこないようにしてくれるので感謝！

私は家にずっといても気分が切り替わらないので、カフェに行ったり、散歩に行ったり。そういうちょっとした行動で、気持ちを切り替えています。

#おねえさん

ふたりの料理時間で疲れていた気持ちも回復

どちらかが落ち込んでいるとき、そうじゃないほうが先に料理を作り始めるんです。きっとそれは、曜日ごとの料理担当みたいなルールがないからこそ、自然と生まれた習慣だと思います。当たり前にいつも料理をしているからこそ、たまにどちらかができないときは、カバーし合う柔軟さが生まれた。それに、普段はふたりでやっていて大変さも理解してる。だから、相手がひとりでやってくれたときには、素直に「ありがとう」と言えるんじゃないかと思います。

私が疲れているときには、おにいさんが〝肉パワースタミナ丼〟や、私の好きな明太子を使った料理を作ろうとしてくれることが多いです。うれしいなと思いつつも、おにいさんが作っている姿を見ると〝私も手伝わないと!〟って思うんです。ふたりで作ることで、大変さが軽減されるのが、よーくわかっているから。結果的に、一緒に作る中で、疲れていた気持ちも不思議と戻っていきます。

ひとり暮らし時代に気分が落ちたときは、上がるのをただ待つしかできなかったけど、同棲を始めてからは気持ちを上げるキッカケが増えました。なので、マイナスな感情になる時間自体が減ったなと思います。そういう意味でも同棲してよかった！

おにいさんの後に続いて料理を作り出したはいいけど、疲れた気持ちでやり始めたときって、実はイージーミスが増えがち（笑）。うちではお米を鍋で炊いているんですが、ぼーっとしていて気づいたら、鍋の底の部分が焦げちゃったこともあったなぁ。フライパンに具材を入れるときに、ぽろっとこぼしちゃったりとかも……。でも焦げた部分はおこげとしておいしく食べられるし、落とした具材もすぐにひろえばＯＫなので、私は気にしません（笑）。

身体を
いたわる

優しさを求めているとき①

ブロッコリーの豆腐グラタン

材料

絹ごし豆腐	2丁(600g)	52円
冷凍ブロッコリー	150g	45円
合わせみそ	大さじ2	
マヨネーズ	大さじ4	
ピザ用チーズ	160g	112円
乾燥パセリ	適量	

total ⇨ 2人前：合計209円

手順

1 ボウルに水切りした豆腐、合わせみそ、マヨネーズを入れて混ぜる。

2 冷凍ブロッコリーを表示通りに解凍する。

3 耐熱容器に**1**を入れてブロッコリーを盛りつけ、ピザ用チーズをかけて、トースターで5～10分、チーズが溶けて焦げ目がつくまで加熱する。仕上げに乾燥パセリをふる。

Point

ボウルに豆腐、合わせみそ、マヨネーズを入れてスプーンでさっくり混ぜる。

#おにいさん

優しいものが食べたいときは豆腐しかない！

#おねえさん

ポン酢でさっぱり！

食欲がなくても

いける

レンチンで
OK

優しさを求めているとき②

レタスの豚しゃぶ巻き

● 材料

しゃぶしゃぶ用豚薄切り肉	200g	260円
レタス	1/4玉	25円
にんじん	2/3本	13円
酒	大さじ1	
きざみ小ねぎ	1本分	5円
A ポン酢	大さじ1	
A みりん	大さじ1	
A ごま油	小さじ1	
A 白ごま	小さじ1	

total ⇨ 2人前：合計303円

● 手順

1 レタスは幅約5㎜に切り、にんじんは細切りにする。

2 豚肉で**1**のレタスとにんじんを巻く。耐熱容器に並べて全体に酒をまわしかけ、ふんわりラップをして電子レンジで5〜6分加熱して火を通す。

3 Aを混ぜ合わせたタレ、きざみ小ねぎをかける。

Point

まな板に豚肉を広げてレタスとにんじんをのせ、肉が破れないように気をつけながら、くるくるっと巻く。

おにいさんとおねえさん それぞれのおふくろの味

おにいさん おねえさんは落ち込んだときに食べたくなる料理ってある？

おねえさん 私は母親が作ってくれていた、フレッシュトマトとイカを使ったパスタ。

おにいさん トマト缶のじゃなくて、フレッシュトマトのやつね。

おねえさん そう。トマトとイカとにんにくっていうシンプルな材料だけど、すごいおいしくて。帰省したときは、いつもそれを作ってもらうんだよね。

おにいさん 毎回？

おねえさん うん。お母さんに「何食べたい？」って聞かれるけど、毎回同じのをリクエストするから「よく飽きないね」って言われる。

おにいさん へぇ～。毎回ってすごいね。

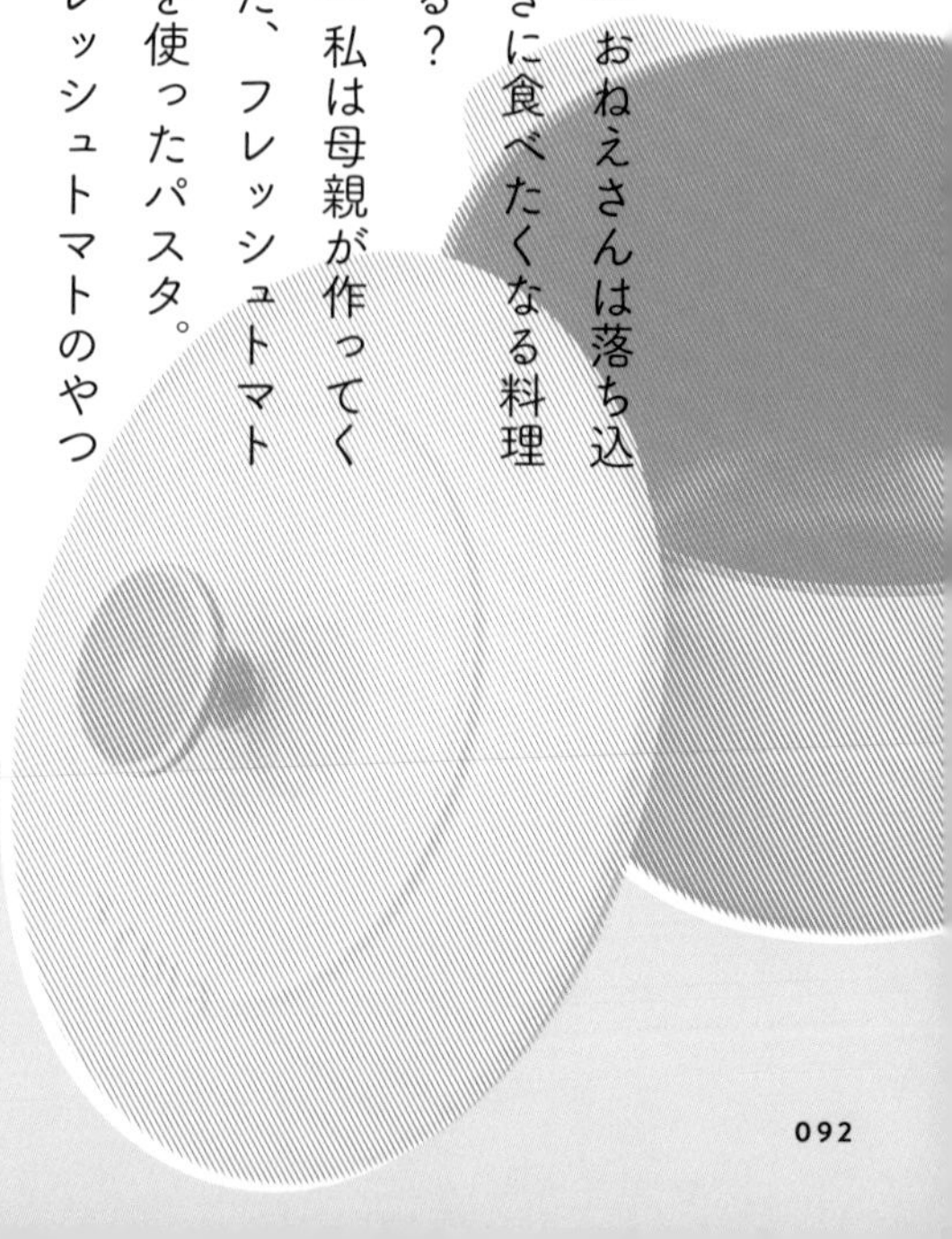

おねえさん 自分で作ることもあるけど、お母さんの手作りはやっぱり格別！　おにいさんは？

おにいさん 実家で食べるものだと、母親が作ってくれるおにぎり。高校生のときの定番お昼ごはんで、同じおにぎりを5個持って行ってた。

おねえさん 5個!?　具は何だったの？

おにいさん 具っていうか、混ぜごはんなんだよね。シャケやしそ、きざんだ梅とかを全部混ぜて作るおにぎりで、これがおいしい！

おねえさん おいしそう〜!!　作ったことある？

おにいさん ない。材料が割高なわけではないから、作りたいなとは何度も思ってるけど。ただ、混ぜごはんってふつうの白米とちがって、まとまりづらくて握るのが意外と難しそうで。ハードルの高さを感じてる。

おねえさん そっか。でもいつか、作ってみたいね！

サクッと飲んで
今日のことを忘れたい①

卵黄につけて

鶏つくね

● 材料

鶏ひき肉	200g	134円
長ねぎ（白い部分）	約20cm	30円
卵	1個	15円
きざみ小ねぎ	1本分	5円
サラダ油	大さじ1	
A 卵	上記1個分のうちの卵白	
A 片栗粉	大さじ1	
A 酒	大さじ1	
A 塩	少々	
B 砂糖	大さじ1	
B 酒	大さじ1	
B しょうゆ	大さじ1	
B みりん	大さじ1	

total ⇨ 2人前：合計184円

● 手順

1 ボウルに鶏ひき肉、みじん切りにした長ねぎ、Aを入れて粘りが出るまでよく混ぜ合わせる。6等分にしてミニハンバーグ形にする。

2 フライパンにサラダ油を熱し、1を両面焼き、焼き色がついたらフタをして蒸し焼きにし、中まで火を通す。

3 Bを混ぜ合わせたものを加えて全体をよくからめる。器に盛りつけ、小ねぎを散らし、残っている卵黄を添える。卵黄をつけて食べる。

Point

ボウルに鶏ひき肉、みじん切りの長ねぎ、調味料などを入れ、粘りが出るまで指でよくかき混ぜると、ふっくら柔らかく焼き上がる。

#おにいさん
混ぜて焼くだけで
居酒屋みたいな
絶品おつまみ

サクッと飲んで
今日のことを忘れたい②

とろろのトースター焼き

材料

- 長芋 ……………… 300g 150円
- 卵 ……………………… 1個 15円
- めんつゆ（3倍濃縮タイプ） ……………… 大さじ1
- 細切りの海苔 …… ⅓枚分 7円
- マヨネーズ ………… 適量

total ⇨ 2人前：合計172円

手順

1. 長芋は皮をむいてすりおろし、めんつゆを混ぜ、ふんわりラップをして電子レンジで約3分加熱する。
2. 卵は卵黄と卵白に分ける。**1**にさっくり混ぜた卵白を加えてさらに混ぜ、スキレットに入れて平らにする。
3. トースターで表面が固まるまで焼く。
4. マヨネーズと海苔をかけ、真ん中に卵黄をのせる。

Point

電子レンジで加熱したとろろにさっくり混ぜた卵白を加えて、スプーンで全体を混ぜる。

ふわっと
うまい
#おにいさん
完全居酒屋味で
仕事終わりの飲みを
家で再現

濃い味
おつまみ
#おねえさん
生ハムと玉ねぎの
相性がよすぎて
お酒が進む～！
サクッと飲んで
今日のことを忘れたい③

生ハムと玉ねぎのユッケ

材料

- 生ハム……85g　179円
- 玉ねぎ……1個　30円
- 卵黄……1個分　15円
- A
  - 白ごま……小さじ2
  - ごま油……小さじ2
  - チューブ入りにんにく……小さじ½
  - コチュジャン…小さじ½

total ⇨ 2人前：合計224円

手順

1. 生ハムは1枚ずつはがしひと口大に手でちぎる。玉ねぎはスライサーでスライスし、塩（分量外）でもんで水にさらしたあと、水気をよく絞って辛みを取る。
2. 1にAを混ぜて器に盛り、卵黄をのせる。

Point

玉ねぎはスライサーを使うと手早くスライスできる。手を切らないように注意！

平和を守る ふたりの同棲ルール

同棲を始めてから1年とちょっと。ルールを明確に決めているわけじゃない。だけど、自然とできていた同棲ルーティーンがあるのです。

1
支払いは 1円単位で折半

どちらかに負担が少しでも重なると不満のもと。LINE Payだと1円単位でかんたんに送金できるので便利！　光熱費と家賃は、おにいさんがまとめて払い、私が月末におにいさんの口座に振り込みます。（おねえさん）

2
固定費は ひとり暮らしのときより 下がるように

物件を探すときは、折半した家賃がひとり暮らしのときと同じかそれ以下になることを基準にしていました。お風呂も一緒に入ることで、光熱費はひとり暮らしのときとほぼ変わらないです。（おにいさん）

3
掃除は ふたり同時

料理と同じで担当があり、私がトイレ、おにいさんがお風呂とちがうところを掃除することが多いです。ふたり同時にすることでお互いのがんばりが見えて、やる気が出ます。（おねえさん）

4
家具は必ず ふたりで選ぶ

ダイニングテーブルとソファ、椅子は引っ越すときにふたりで選びました。テーブルはふたりでいいと思ったものを、その高さに合う好みのソファを僕が、椅子をおねえさんがチョイス。（おにいさん）

5
生活リズムを なるべく合わせる

お互いに仕事をしていて、始業と終業時間も近いので、お腹が空く時間がほぼ一緒(笑)。だからこそ、一緒に料理を作ろうと思える。食事のタイミングが合っているのは特によかったなと思います。（おねえさん）

おねえさんが得意らしい掃除について

おねえさん おにいさんの家具のこだわりは、テーブル高めでソファは低め！

おにいさん そう。首がこらないから。ただ、肩はこるけど（笑）。

おねえさん 結局ね（笑）。掃除の場所もはっきり分担してるわけじゃないけど、おにいさんはトイレ掃除をやりたくないんでしょ？

おにいさん いや……やってもいいけど、おねえさんが持ってきたトイレ用タワシを俺は使ったことがないからさ。

おねえさん 言い訳じゃん（笑）。

おにいさん いやいや、本当。それに掃除するときに、毎回「どこやりたい？」とは聞くでしょ。それでおねえさんがトイレ掃除用のタワシを使い慣れてるから、慣れてるほうをやればいっかってなるんじゃん（笑）。

おねえさん まぁね。トイレのほうが負担が多いってことで、シンクとお風呂場はおにいさんがやってくれがちだよね。

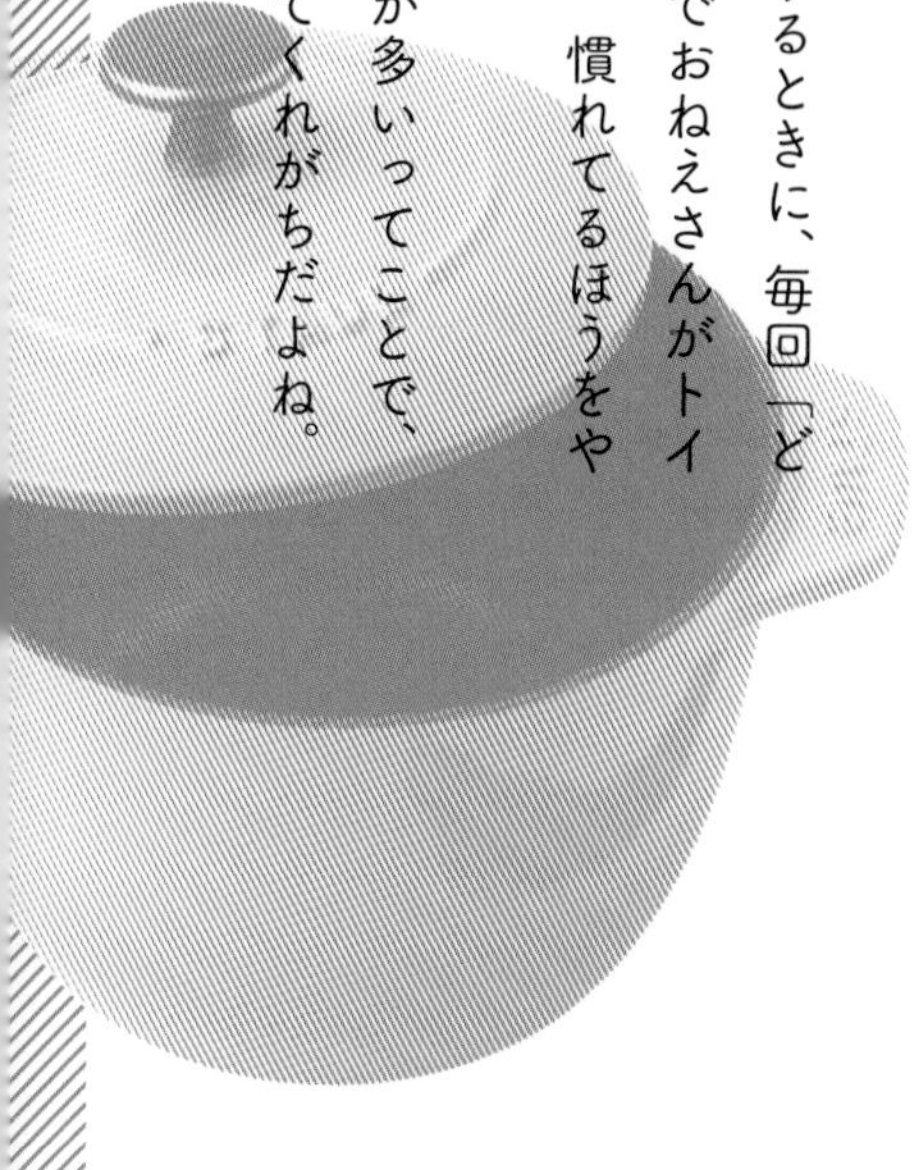

Part

4

カップルには山あり谷あり

ふたりの関係増強ごはん

ケンカしたり、話したかったり
おうちデートをいつもより
盛り上げたかったりするときに
私たちが食べているもの。

チーズがとろり

ケンカした夜に①

豚バラ肉と白菜のミルフィーユ鍋

● 材料

豚バラ肉		300g	390円
白菜		¼玉(650g)	25円
A	カットトマト缶	1缶(400g)	98円
	オリーブオイル	大さじ2	
	コンソメ顆粒	大さじ1	
	チューブ入りにんにく	小さじ1	
	砂糖	小さじ2	
	ローリエの葉	2枚	
	水	250mℓ	
ピザ用チーズ		50g	35円

total ⇨ 2人前：合計548円

● 手順

1 白菜の葉と豚バラ肉を交互に重ねる。

2 鍋の深さに合わせて1を切り、鍋に詰める。Aを入れ、中火で10〜15分煮込んで肉と白菜に火を通す。仕上げにチーズを入れて溶かす。

Point

白菜と豚バラ肉を交互に重ねてミルフィーユのようにし、鍋の高さに合わせて切って鍋にきっちり詰める。

#おねえさん

ふたりで温かい
鍋をつつくのが
いちばんの仲直り

#おにいさん
「おいしかった!」と
視聴者人気No.1のパスタ。
そのうれしさで
ケンカも吹き飛ぶ

さっぱり
食べごたえアリ

ケンカした夜に②

ツナと大葉の和風パスタ

材料

ツナ缶	1缶(70g)	63円
玉ねぎ	1個	30円
大根	5cm(170g)	17円
大葉	5枚	15円
パスタ	300g	60円
オリーブオイル	大さじ1	
しょうゆ	大さじ1	
パスタのゆで汁	大さじ6	
もみ海苔	½枚分	10円
ポン酢(お好みで)	適量	

total ⇨ 2人前:合計195円

手順

1 玉ねぎは粗みじん切りに、大根は皮をむいてすりおろし、大葉は千切りにする。パスタは表示通りにゆでる。

2 フライパンにオリーブオイルを熱し、玉ねぎを炒める。玉ねぎがしんなりしたらツナを汁ごと入れ、しょうゆをまわし入れ、パスタのゆで汁を加えて全体を混ぜる。

3 ゆで上がったパスタを加えて、**2**とからめる。

4 器に盛り、大根おろし、海苔、大葉をのせ、お好みでポン酢をかけながら食べる。

Point

炒めた玉ねぎとツナにパスタのゆで汁を加えると、具とパスタがなじみやすくなる。

意外な具で
おしゃれな味

ケンカした夜に③

アボカドとトマトの洋風チヂミ

材料

スライスベーコン	3枚	25円
アボカド	½個	50円
ミニトマト	6個	38円
オリーブオイル	大さじ1	
A 卵	1個	15円
A 薄力粉	60g	
A 片栗粉	40g	
A ピザ用チーズ	50g	35円
A コンソメ顆粒	大さじ1½	
A 水	100mℓ	

total ⇨ 2人前:合計163円

〈イタリアン風タレ〉
バルサミコ酢……大さじ1
しょうゆ……小さじ1
オリーブオイル……小さじ1
はちみつ……小さじ½

〈オーロラソース〉
マヨネーズ……大さじ1
ケチャップ……大さじ1

手順

1 スライスベーコンは幅約5㎜の細切り、アボカドは半分に切って種を取り皮をむいて幅約1㎝にカット、ミニトマトはヘタを取り半分に切る。

2 Aを混ぜ合わせる。

3 フライパンにオリーブオイルを熱し、2の全量を入れてフライパン全体にのばし、その上に1をのせ、生地がほぼ固まるまで約3分焼く。フライパンをゆすって生地が動くようになったら、ひっくり返して裏面も焼く。

4 3をピザのように8等分にカットして、混ぜ合わせた2種類のタレをつけて食べる。

Point

片面を焼いて生地の表面がほぼ固まったら、フライ返しを使ってひっくり返して両面を焼く。

#おねえさん

協力プレーが
必要なレシピで
自然と元通り

#おにいさん

〝しんどいことは折半しよう〟そう思うようになったキッカケ

僕たちが金銭面も作業分担も〝折半〟を大事にしているのは、〝彼氏が多く払うもの〟や〝彼女が家事をやるもの〟という考えに抵抗があるからです。

　僕の両親は共働き。でも父親は家事のすべてをしてもらいたいタイプの人なので〝働くなら短時間にしてほしい〟とよく母親に言っていました。でも母親はフルタイムで働きたい人だったので、父と母の意見がぶつかることも多かった。そのときにふたりがよく言っていた言葉があって。母親は〝父親も家事を負担してくれたらいいのに〟、父親は〝俺が稼いでるんだ〟。そんなふたりを見て、僕は〝働くのは男性、家事は女性とか分けないで、自分のことは自分でそれぞれがやったらいいのに〟って思っていたんです。

　おねえさんの家庭も共働きで、おねえさん自身も、〝専

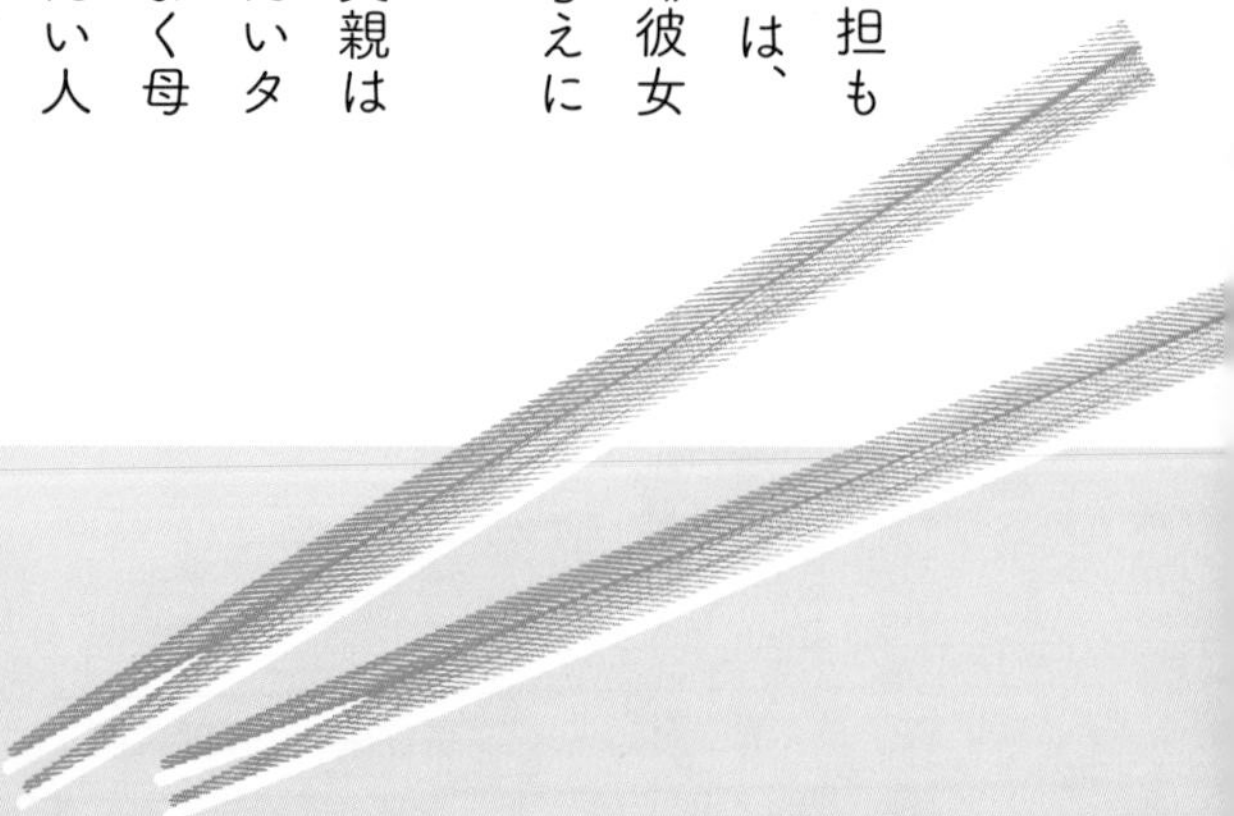

業主婦よりは働きながら家のこともしていきたい〟という考え。そこが一致していたので、今こうして折半し合える同棲生活が成り立っています。

同棲をする前の、僕とおねえさんのケンカで多かったのは、〝家に来るか来ないのかハッキリしない〟ということ。去年の1月、同棲を決める直前もそれが理由でケンカしました。その日の事情もあったりして〝おねえさんが今日僕の家に来るのか来ないのか〟がハッキリしないまま時間が過ぎて、結局来ないということが続いたんです。〝行けたら行く〟っていうあいまいな言い方が僕はイヤで。でもおねえさんはその日の事情でその言い方しかできなくて、もめた。その結果〝一緒に住めばそのズレを解消できるのでは〟ということで、同棲を決めたんです。

同棲したことでお互いの予定を把握しやすくなって、すれちがいやケンカがなくなりました。

#おにいさん

外食メニューが家で食べられるとやる気が満ちていく

ふたりでの料理を始めて〝これも手作りできるんだ！〟ってテンションが上がったのが〝かんたんナチョス〟。昔、僕がバイトしていたお店のメニューにナチョスがあって、作り方は頭に入ってはいて。試しに挑戦してみたら、最高においしかった！

リピート率も高いですし、〝居酒屋によくある料理も家でできるのでは？〟と思ったキッカケの料理です。

居酒屋で「これ作れそうだね」って会話もよくするようになりました。このあいだ居酒屋で出てきたサバの燻製料理がすごくおいしくて。家庭で燻製するのに使うスモークチップを買ったんですけど、自宅のコンロではできなくて断念。環境を整えて、いつか再挑戦してみたいです。そのくらい、料理作りにはどんどん貪欲になっています（笑）。

僕たちは好きなものが比較的同じだけど、おねえさんの

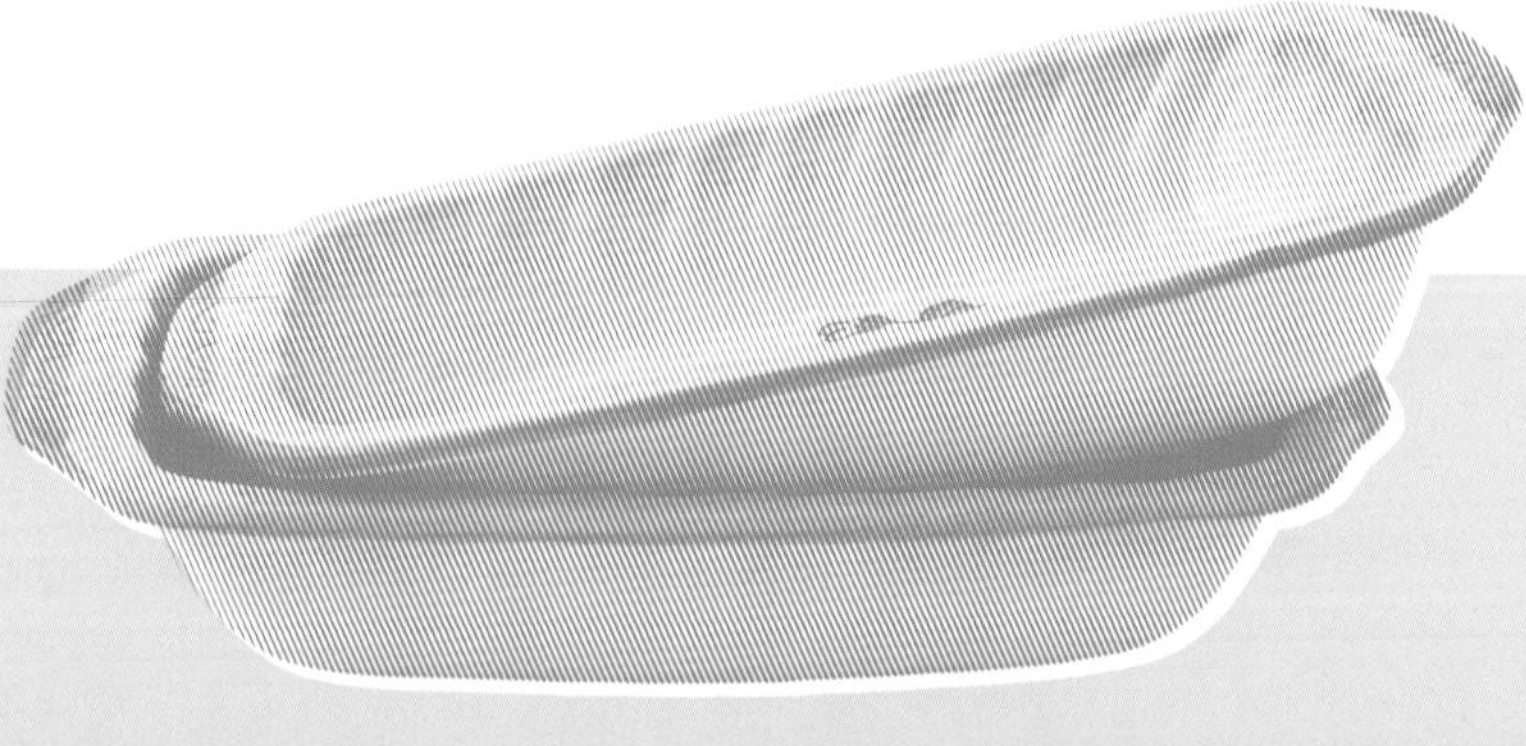

影響で好きになったものもあります。それがハーブを使ったもの。おねえさんは煮込み系の料理に、ローリエやローズマリー、タイムをよく入れるんです。半同棲をしていた時代から、特にローリエを使っていたので、おねえさんが作る料理といえば、ローリエの香りがするイメージ。僕はハーブを料理に使ったことがほぼなかったので、最初はなじみがなかったけど、今では香りづけに使うのは当たり前になりました。

でも実は僕、タイムやローズマリーの細かい食感のハーブが得意ではないんです。香りづけとしては好きだけど、食感が苦手。それもおねえさんには伝えています。改まって言うんじゃなくて、食事の雑談の中で、「食感、気にならない？」みたいな。一緒に作ったものだから、料理に対する一見マイナスな意見も、気づきとして言いやすいのかなと思います。

まるごと入れちゃう

デート気分なおうち飲み①

カマンベール入りアヒージョ

材料

カマンベールチーズ	1個	298円
にんにく	5かけ(約25g)	23円
ミニトマト	6個	38円
じゃがいも	1個	60円
しめじ	½パック(約50g)	34円
冷凍ブロッコリー	100g	30円
オリーブオイル	200㎖	
塩	少々	

total ⇨ 2人前:合計483円

手順

1 カマンベールチーズは6等分に切る。にんにくは粗みじん切り、ミニトマトはヘタを取る。じゃがいもは皮をむいてひと口大に切り、耐熱容器に入れてふんわりラップをして電子レンジで3〜4分加熱して火を通す。しめじは根もとを切り落としてほぐし、冷凍ブロッコリーは表示通りに解凍してキッチンペーパーで水気を取る。

2 スキレットにオリーブオイル、みじん切りにしたにんにく、塩を入れて強めの弱火で加熱する。

3 オリーブオイルににんにくの香りがうつったら、カマンベールチーズと野菜を入れる。

Point

スキレットにオリーブオイルとにんにくを入れ、強めの弱火で加熱して、菜箸で混ぜながらオリーブオイルに香りをうつす。

#おにいさん
ワインに合う
おしゃれメニューで
雰囲気ばつぐん

デート気分なおうち飲み②

サバーニャカウダ

材料

サバみそ煮缶	1缶(120g)	87円
玉ねぎ	1個	30円
にんにく	5かけ(約25g)	23円
食パン	2枚	26円
A オリーブオイル	大さじ8	
A 粉チーズ	大さじ6	
A 豆乳	大さじ2	4円

total ⇨ 2人前：合計170円

手順

1 玉ねぎとにんにくはみじん切りにする。食パンは1枚を4等分にする。食パンはそのままでも、トーストしてもOK。

2 耐熱容器に玉ねぎ、にんにく、サバ缶（汁ごと）、Aを入れて、表面がフツフツするまでトースターで8〜10分加熱する。食パンにつけて食べる。

サバ&チーズの相性にやみつき
#おねえさん
おいしくて安くて
かんたんで
凝って見える

#おにいさん
アンチョビペーストはあると味バリエに便利なので、ぜひ
デート気分なおうち飲み③
永遠に食べられる

アンチョビキャベツ

●材料

キャベツ……½玉（約500g） 50円
にんにく
………丸ごと1個（約50g） 46円
オリーブオイル……大さじ2
A アンチョビペースト
………小さじ3
塩………少々
ブラックペッパー…適量

total ⇨ 2人前：合計96円

●手順

1 キャベツはザク切り、にんにくはみじん切りにする。

2 フライパンにオリーブオイルを熱し、にんにくを炒める。キャベツを加えてさらに炒める。

3 キャベツがしんなりしたら、Aを入れて全体を混ぜ合わせる。

Point

フライパンに分量のキャベツを入れるとあふれそうになるが、加熱してキャベツから水分が出るとかさが減るので大丈夫。

ぐでっとリラックス飲み①

おうち焼き鳥

材料

鶏もも肉	1枚（約250g）	250円
長ねぎ（白い部分）	½本（約60g）	56円
ズッキーニ	1本	98円
エリンギ	50g	40円
パプリカ	½個（約60g）	79円
ミニトマト	6個	38円
塩こしょう	適量	

total ⇨ 2人前：合計561円

手順

1. 鶏もも肉は皮を取りひと口大に切る。長ねぎ、ズッキーニ、エリンギ、パプリカは串に刺しやすい大きさにカットする。ミニトマトはヘタを取る。
2. 鶏もも肉と長ねぎ、ズッキーニとエリンギ、パプリカとミニトマトを串に刺し、塩こしょうをふる。
3. トースターで様子を見ながら具材に火が通るまで加熱する（1200Wのトースターで5〜10分程度）。パプリカとミニトマトは先に火が通るので途中で取り出す。

#おねえさん

串さえあれば
家でも楽しく
おいしい焼き鳥が！

彩りも
ばっちり

ビールに
合う！
#おねえさん
冷凍じゃない
枝豆をゆでても
OKです
ぐでっとリラックス飲み②

枝豆のペペロンチーノ

材料

- 冷凍枝豆 ………………… 150g　42円
- にんにく ……… 3かけ（約15g）　14円
- 鷹の爪 …………………… 1本
- オリーブオイル …… 大さじ1
- 酒 ……………………… 大さじ2

total ⇨ 2人前：合計56円

手順

1 冷凍枝豆は表示通りに解凍してキッチンペーパーで水気を取る。にんにくはみじん切りにする。鷹の爪は種を取り輪切りにする。

2 フライパンにオリーブオイルを熱し、にんにくと鷹の爪を入れて炒めて、オリーブオイルに香りをうつす。

3 にんにくの香りが立ったら枝豆を入れて炒め、酒を入れて中火で3～4分加熱して水分をとばす。

#おにいさん

リピートしまくり！
トルティーヤチップスは
ドリトスで代用してます

お手軽
メキシカン

ぐでっとリラックス飲み③

かんたんナチョス

● 材料

豚ひき肉		50g	60円
玉ねぎ		1/4個	8円
トルティーヤチップス		1袋	78円
A	カットトマト缶	50g	12円
	コンソメ顆粒	小さじ1	
	カレー粉	小さじ1	
	チューブ入りにんにく	小さじ1	
	塩こしょう	少々	
ピザ用チーズ		50g	35円
アボカド		1/2個	50円
乾燥パセリ		適量	

total ⇨ 2人前:合計243円

● 手順

1 耐熱ボウルに豚ひき肉、みじん切りにした玉ねぎ、Aを入れ、ふんわりラップをして電子レンジで3〜4分加熱する。

2 スキレットにトルティーヤチップスを入れ、1を水分を切りながら盛りつけ、チーズをかける。トースターでチーズが溶けてうっすら焦げ目がつくまで加熱する。

3 種を取ってさいの目に切ったアボカドを盛りつけ、乾燥パセリをふる。

Point

アボカドは皮ごと半分にカットし、包丁の刃元の角を種に刺して、左右に動かすと種が取りやすい。

#おねえさん

気まずい雰囲気を もとに戻してくれる 料理時間って偉大

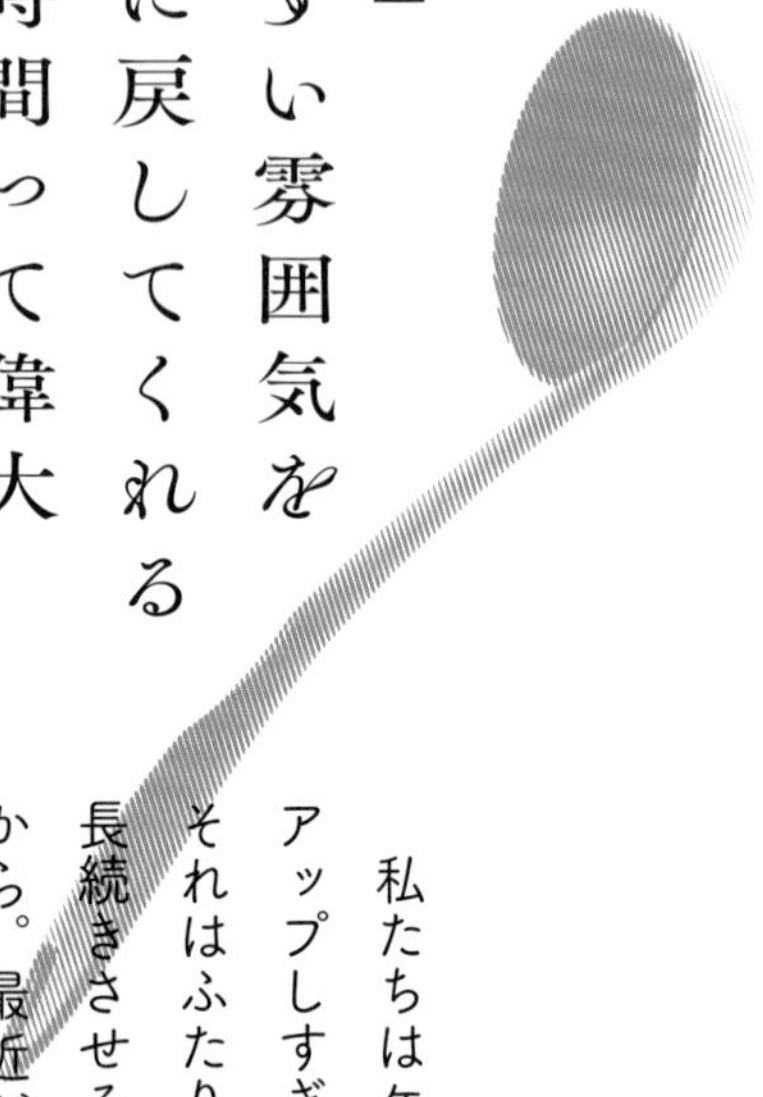

私たちはケンカをしてもヒートアップしすぎることはありません。それはふたりとも険悪な雰囲気を長続きさせるのがイヤなタイプだから。最近だとYouTube動画の編集作業を、おにいさんが遅れがちだったことで気まずい雰囲気になったことはありました。でも、おにいさんも自分が悪いことはちゃんとわかっているので、きちんと謝ってくれるし、私も「気をつけてね」と言って終了。

ただ、それでも私が機嫌悪いままでいると、おにいさんがお詫びとして、ひとりで買い物に行ってくれることもあります。それもおにいさんの中に、「自分が悪かった」という意識があるので、買い物という大変な作業を負担してくれるんです。

気まずいときも一緒に料理を作ることで、雰囲気がもとに戻りやすい気がします。作りながら工程や分量を確認したりと、話しながらやっているので、自然と会話が生まれる。ケンカをしていてもお腹は空くし、ごはんを作るふたり時間は必ずやってくる。微妙な空気だとしても、ふたりで料理をしていると〝やっぱり助かるなぁ〟って気づかされる部分が多いんですよね。なので料理が完成するころには、気まずさはなくなっています。それに、できあがったごはんがおいしいので。おいしい料理を食べて気持ちもハッピーに（笑）。「今日もうまくできたね」で、すっかりもとどおりです。

ケンカをしたときに鍋を食べるのも、個人的にはオススメ。あったかい同じ鍋をつつくことで、心が平和になっていく気がするから。〝豚バラ肉と白菜のミルフィーユ鍋〟は実際に私たちがちょっともめた日に作りました。寝ぼけたおにいさんが私を蹴ったという小さすぎるもめごとですが（笑）。

#おねえさん

ひとり暮らしのときよりも今のほうがもっと食事の時間が好き!

ごはんを食べているときが、ふたりの会話がいちばん多い時間。ごはん中の会話で真剣なことも話しがちです。お酒を飲みながら、気づいたら2時間以上話をしているときも!

おにいさんが一日の中で学んだことや、地元の友達のこと、ふたりのこれからのこと……いろんな話をしています。でも、毎回真剣な話をしているわけではなくて。どうでもいい話で、一生盛り上がってるときもかなりあります(笑)。

向かい合って同じごはんを食べると自然と会話も生まれる。隣だと〝狭い!〟とか〝腕があたる!〟ってこともありそうなので、対面がオススメ。今までも食事は大好きな時間だったけど、同棲を始めてから食事の時間がもっと好きになりました!

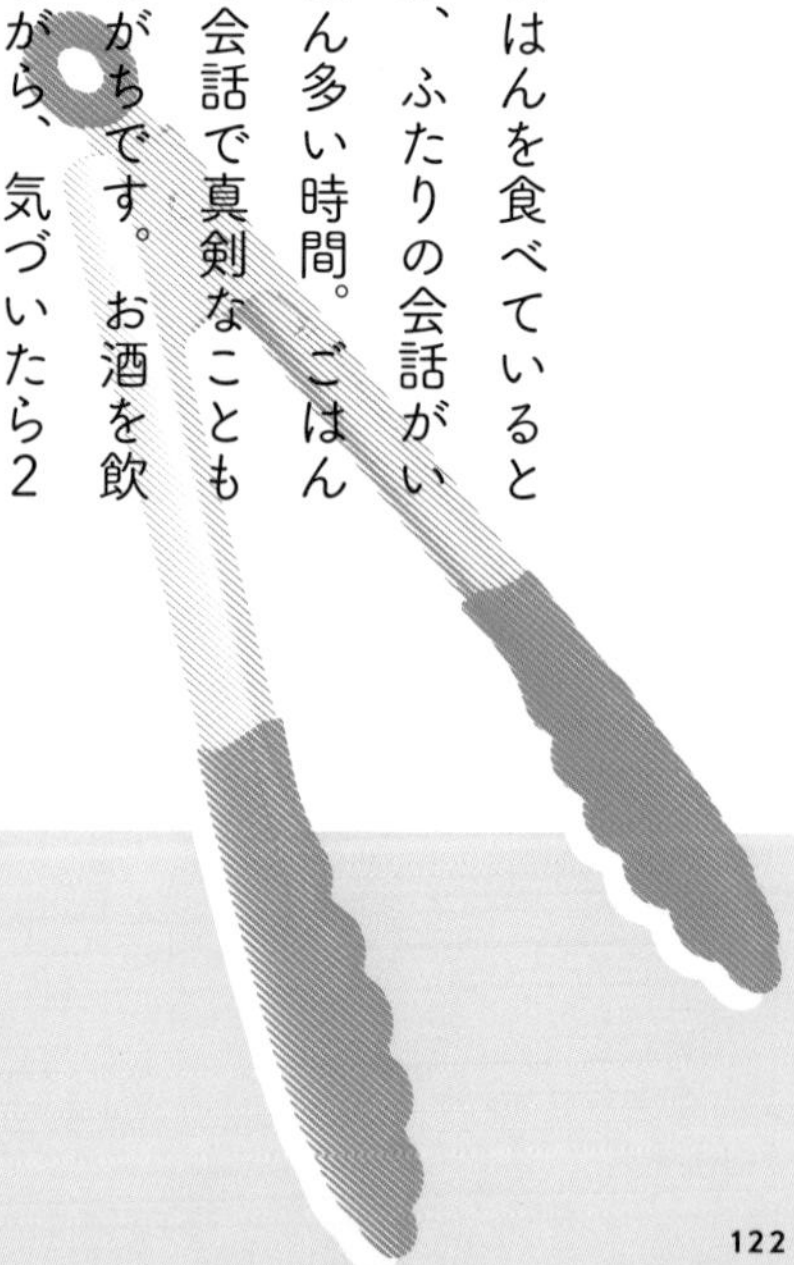

ふたりで料理を始めた理由に、新型コロナウイルスの影響も少なからずあります。

私は外でお酒を飲む時間も好きだったのに、それができなくなってしまった。家でごはんを作ることも増えて、週7日、家で食べるように。ふたりで作る分、手間がかかる料理にも挑戦しやすくなったけど、やっぱり見た目の雰囲気づくりもかなり重要だと思うんです。お店で出てくる料理に使われているような食器をそろえることで、気分が上がるのは確約できます。

そういう意味で買ってよかったなと思うのが、スキレット。〝カマンベール入りアヒージョ〟や〝とろろのトースター焼き〟で使っているもの。私はお店でアヒージョを食べるのが大好きだったので、おうちでも作れることがかなりの衝撃！　具材を変えながら、いろんなアヒージョを作るのが楽しみになりました。おうち時間の雰囲気を上げるためにも、スキレットはオススメしたいです。

話したいことがある！①

チーズたっぷりタコライス

映えも完ぺき

材料

豚ひき肉	200g	240円
玉ねぎ	½個	15円
レタスの葉	3枚	15円
ミニトマト	8個	50円
サラダ油	大さじ1	
A ケチャップ	大さじ4	
A 中濃ソース	大さじ2	
A カレー粉	小さじ1	
ピザ用チーズ	100g	70円
温かいごはん	適量	

total ⇨ 2人前：合計390円

手順

1 玉ねぎはみじん切り、レタスは1cm幅の細切り、ミニトマトはヘタを取り半分に切る。

2 ボウルに豚ひき肉とAを入れて混ぜる。

3 ホットプレートにサラダ油を熱して玉ねぎを炒め、玉ねぎがしんなりしたら2を入れて色が変わり火が通るまで炒める。

4 3の上にチーズの分量の⅔量をのせて、ホットプレートのフタをしてチーズを溶かす。

5 チーズが溶けたら4の両サイドにごはんをのせ、その上にレタス、ミニトマトをのせて残りのチーズをかける。全体を混ぜながら食べる。

Point

豚ひき肉と玉ねぎはフライパンを使わずにホットプレートで炒める。

#おねえさん

ホットプレートで作りながらトークがはずむ

ナムルも
手作り

話したいことがある！②

彩りビビンバ

●材料

牛バラ肉……200g 320円
ごま油……大さじ1
温かいごはん…500～600g
キムチ……100g 37円
卵黄……1個分 15円

A
チューブ入りにんにく……小さじ1
チューブ入りしょうが……小さじ1
コチュジャン…大さじ1
酒……大さじ1
しょうゆ……大さじ1
白ごま……適量
塩こしょう……少々

〈ナムルの材料〉（市販のナムルでもOK）
にんじん……1本 20円
ほうれん草……1袋 98円
もやし……1袋 28円
（にんじん、ほうれん草、もやしのそれぞれをこの分量の調味料を混ぜ合わせたもので和える）

B
チューブ入りにんにく……小さじ1
しょうゆ……大さじ½
ごま油……大さじ½
中華スープのもと……小さじ1
白ごま……適量

total ⇨ 2人前：合計518円

●手順

1 ボウルに牛バラ肉とAを入れて、牛バラ肉に下味をもみ込む。

2 ナムルを作る。にんじんは千切りにして電子レンジで5分加熱し、水分が出たらキッチンペーパーで拭き取る。ほうれん草は根もとを1cm切り落とし半分に切って電子レンジで4～5分加熱したのち流水で洗ってアクを取り水気を絞る。もやしは電子レンジで3分加熱し水分を絞る。それぞれをBで和える。

3 ホットプレートにごま油を熱し1を炒めて、いったん取り出す。ホットプレートに温かいごはんを薄く広げて、炒めた牛肉、ナムル、キムチを彩りよくのせ、卵黄をトッピングする。

Point

全体を混ぜ合わせて食べる。

#おにいさん

ずっと温かいから
ゆっくり食べて
ゆっくり語るのに
ぴったりなふたりごはん

おうち居酒屋オープンに欠かすことができない食器類

おねえさん　スキレットみたいに、おうち居酒屋にひと役買ってくれてる食器、ほかに何かあるかな？

おにいさん　俺は木のお皿もオススメしたい。ボウルタイプの。

おねえさん　確かに。おしゃれな洋食屋さんみたいな雰囲気になるよね。

おにいさん　そうそう。盛りつけをするのもいつも以上にがんばろうって思う。あ、あと食器じゃないけど、最後の飾りにパセリを上からふりかけるのも、気分が上がるね（笑）。

おねえさん　別になくてもいいのにやっちゃう（笑）。おうち居酒屋が盛り上がったことで、外食の機会も減ったけど、たまに食べたくなるのが家系ラーメン。

おにいさん　でも、ラーメンも家で作れたよね（笑）。次はパンにチャレンジしたいな。

おねえさん 出た！　おにいさんの料理への貪欲な気持ち（笑）。YouTubeを始めてから、料理への意欲はさらに上がったよね。こんなにコメントをもらえるようになるとは思ってなかったし。

おにいさん 本当だよね。コメントに書いてあることからヒントを得たメニューもあるし。

おねえさん 〝カマンベール入りアヒージョ〟とかね。

おにいさん そうそう。おいしいお酒も教えてもらったり。

おねえさん 動画の中で、私がめちゃくちゃ硬いアボカドを選んでたときは、いいアボカドの選び方を教えてくれた方もいたね。

おにいさん プロの料理人じゃないからこそ、そういうコメントのおかげで成長することができてる。

おねえさん 本当にありがたいです！

おにいさんとおねえさん

出会ってから今までのこと

高校時代から今にいたるまで！
ふたりの歴史をまとめてみました！

START

2011
4月
同じ高校に入学

3年間、同じクラスだったことはなかったので、高校時代は一度も話したことがなかったです。2年になると僕が理系、おねえさんが文系クラスに進学したので、接点はほぼありませんでした。（おにいさん）

2013
9月
おにいさんが文化祭で踊る

高3の文化祭で踊ったことで、おにいさんの知名度が上がったらしく（笑）。私も友達に「あれが○○くん（おにいさん）だよ」と言われて、おにいさんの存在を知りました。ただ、卒業まで一度も話す機会はなかった。（おねえさん）

2015
4月
大学入学・上京

私もおにいさんも1年浪人しての大学入学、上京でした。それもどちらかが現役合格していたら、きっと会っていなかったと思うので不思議。タイミングって本当に大事だなと思います。（おねえさん）

おにいさん
同郷の人探し

2015
4月半ば
知人の紹介で知り合う

ついに東京で会う！

一浪していたこともあって、同郷で同学年の知り合いがほしくて。高校の同級生に聞きまくり、おねえさんも一浪で同じ大学にいると知りました。初対面は渋谷のバーガーキング。たしか、サークルに入るかどうかの話をしました。（おにいさん）

2015
6～8月
一瞬付き合うも即友達に戻る

ふたりで東京観光をしたり、出かける頻度も増える中で、自然と付き合うことに。でも“やっぱり友達のほうがよかったね”ってことで、すぐに別れたんです（笑）。別に何かがイヤだったわけではないので、いまだにナゾ。（おねえさん）

2016
秋ごろ
再び付き合う

別れてからも友達関係は継続。おにいさんの家に私が行くこともあったので、“付き合うかどうかはっきりしよう”って私からおにいさんに聞きました。でもそれが一体いつなのか、ふたりして曖昧です(笑)。(おねえさん)

2017
3月
“おにいさん”“おねえさん”呼びに

「ちょっとそこのおねえさん」と僕がふざけて呼び始めたのが、いつの間にか定着。LINEでもおねえさん呼びをしていたら、おねえさんが“おにいさん”って返してきました。(おにいさん)

2017
8月
韓国旅行

“安くて近くて、食べ物もおいしい!”ということで、韓国へ旅行することに。本場の韓国料理をたくさん食べて、朝までマッコリ片手に飲み歩いたのも楽しかった思い出です。(おにいさん)

2019
3月
大学卒業

卒業前はふたりでよく大学の図書館で勉強していたのが、懐かしい! 私は卒業のタイミングで会社の近くにあるシェアハウスで暮らし始めました。女性限定だったので、おにいさんが来たことはないです。(おねえさん)

2019
12月
北京旅行

おねえさんは上海旅行の経験があったこと、まわりに行った人がいないことから北京に決定。中国の最先端の技術も見つつ、万里の長城や古い歴史にも触れたいというのが目的でした。(おにいさん)

2020
4月
同棲開始

私の両親がまさかの同棲反対という事件発生!おにいさんと私の家族とでZoomで話すことに。おにいさんが父親としっかり話してくれて、私の両親も納得してくれました。(おねえさん)

ふたりごはんが定着!

GOAL

2020
10月
YouTubeチャンネル開設

想像以上の反響にびっくり

おねえさんのご両親に「ふたりで料理をしてる」と言ったら、すごく興味を持ってもらえたんです。“カップルでの料理風景に興味がある人って意外といるのかも”と思ったのが、ふたりでの料理動画を上げ始めるキッカケでした。(おにいさん)

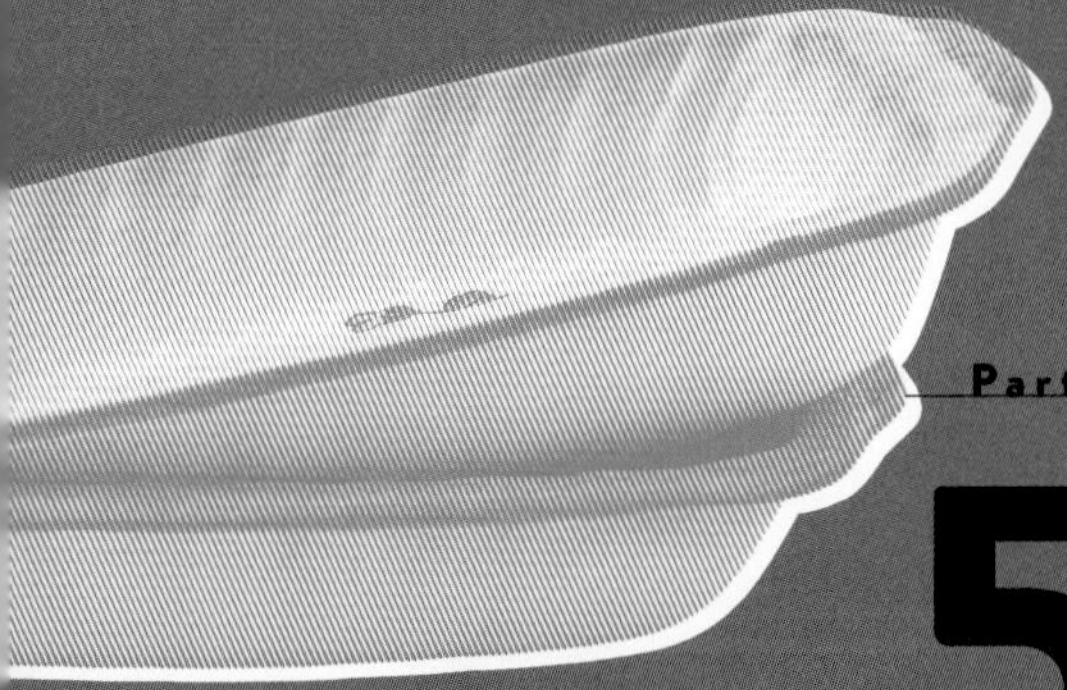

Part

5

特別な日には
ふたりにとって
特別なごはん

記念日やイベントのときは
いつもとはちがうものを食べたいですよね。
大切な時間を引き立てる
スペシャルメニューです。

#おねえさん

バレンタインに作ったスペシャルな盛りつけを見よ！

愛を
形に込める

ハート形ハヤシライス

材料

豚こま肉	200g	260円
玉ねぎ	1個	30円
しめじ	½パック(約50g)	34円
バター	30g	60円
サラダ油	大さじ½	
小麦粉	大さじ2	
A カットトマト缶	½缶(200g)	49円
ウスターソース	大さじ1½	
ケチャップ	大さじ1½	
コンソメ顆粒	大さじ1	
ローリエの葉	2枚	
水	200mℓ	
温かいごはん	約200g	
乾燥パセリ	適量	

total ⇨ 2人前：合計433円

手順

1 豚こま肉はひと口大に切る。玉ねぎは薄切りに、しめじは根もとを切り落としてほぐす。

2 フライパンにサラダ油、バターを熱して、玉ねぎ、豚こま肉を入れて炒め、玉ねぎがしんなりして豚肉の色が変わったら、しめじを入れる。

3 小麦粉を加えて炒め、粉っぽさがなくなるまで具になじませる。

4 3にAを入れて中火にかけ、沸いたらフタをして10〜15分強めの弱火で煮込む。

5 皿にごはんをハート形に盛りつけ、まわりに4をかけ、ごはんの上に乾燥パセリをふる。

Nice!

ハヤシルウがしっかりした味なので、バターライスにしなくてもおいしい！　市販のルウを使わなくても、100点満点の味に。

カップルイベントDay②

イタリアン生ハムサラダ

材料

生ハム	85g	179円
レタス	½玉	50円
ミニトマト	12個	75円
A バルサミコ酢	大さじ2	
A オリーブオイル	大さじ2	
A チューブ入りにんにく	小さじ1	
A 塩こしょう	少々	
A はちみつ	小さじ1	

total ⇨ 2人前：合計304円

手順

1 生ハムは1枚ずつはがす。レタスは手でちぎる。ミニトマトはヘタを取り半分にカットする。

2 器に**1**を盛り、**A**を混ぜ合わせたドレッシングをかける。

カップルイベントDay③

ミネストローネ

材料

玉ねぎ	1個	30円
にんじん	1本	20円
にんにく	5かけ（約25g）	23円
ウインナー	3本（96g）	30円
オリーブオイル	大さじ1	
A カットトマト缶	1缶（400g）	98円
A コンソメ顆粒	大さじ1	
A ローリエの葉	2枚	
A 水	約400mℓ	

total ⇨ 2人前：合計201円

手順

1 玉ねぎとにんじんはさいの目切り、にんにくはみじん切り、ウインナーは幅1cmの輪切りにする。

2 鍋にオリーブオイルを熱し、**1**を入れて炒める。玉ねぎがしんなりしたら、**A**を入れ中火にかけ、沸いたらフタをして10〜15分強めの弱火で煮込む。

Point

鍋に具とトマト缶を入れたら、トマト缶いっぱい（約400mℓ）に水を入れて鍋に加える。

#おねえさん

イベントな日は
ワインに合う
お手製ドレッシング

おすすめ
サイドメニュー

#おにいさん

外食気分になれる
煮込みスープで
特別感を添える

#おにいさん

プレゼントよりも サプライズよりも 特別な日にはおうちごはん

僕たち“付き合った日”がいつか、明確にわかっていません（笑）。なんとなく大学2年の秋だった……という曖昧さ。なので僕たちの、特別な日といえば、誕生日やバレンタイン、クリスマスなどのイベントのみです。

僕自身、誕生日プレゼントはいらないタイプなので、今まで特別なことはしたことがなくて。レストランで誕生日プレートを出してもらうのも恥ずかしいし、プレゼントもサプライズだと、そのサプライズ分も含めてちゃんと返さないとって考えすぎてしまう。同棲の折半もですけど、すべてにおいて同等か、それ以上のものを返すことを考えてしまうのは、僕のよくないところでもあります（笑）。

付き合ってすぐのころ、一度だけおねえさんが僕の誕生

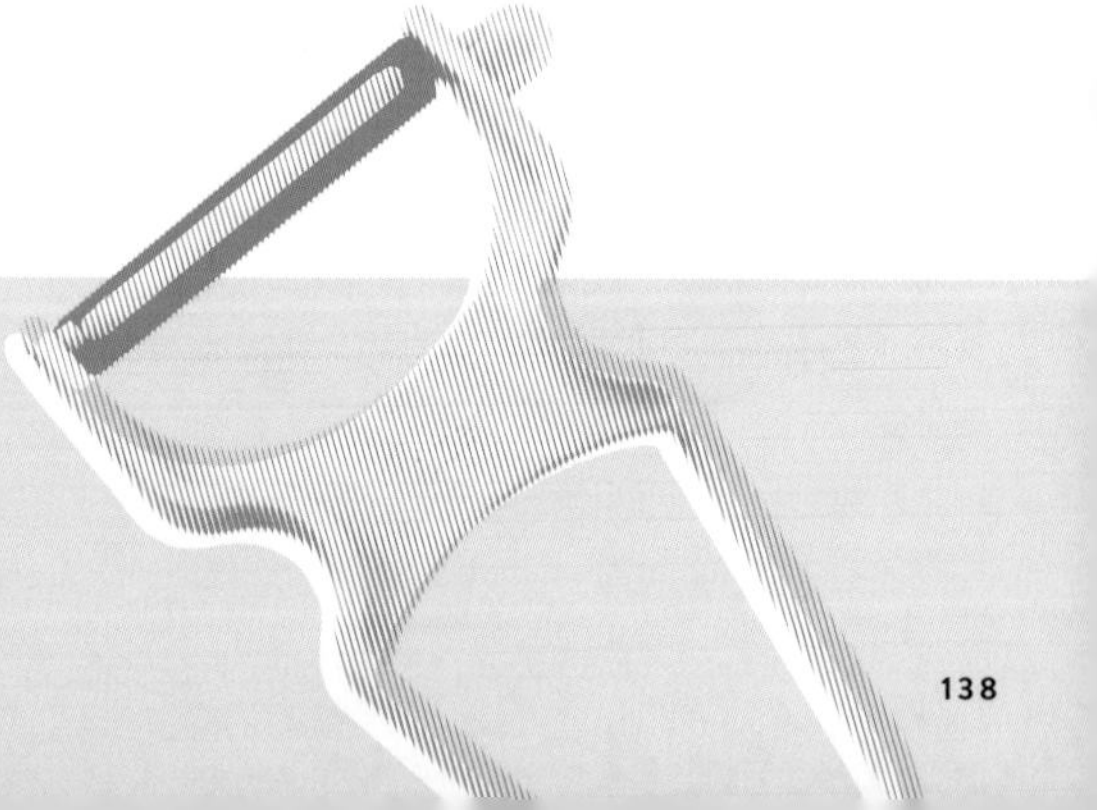

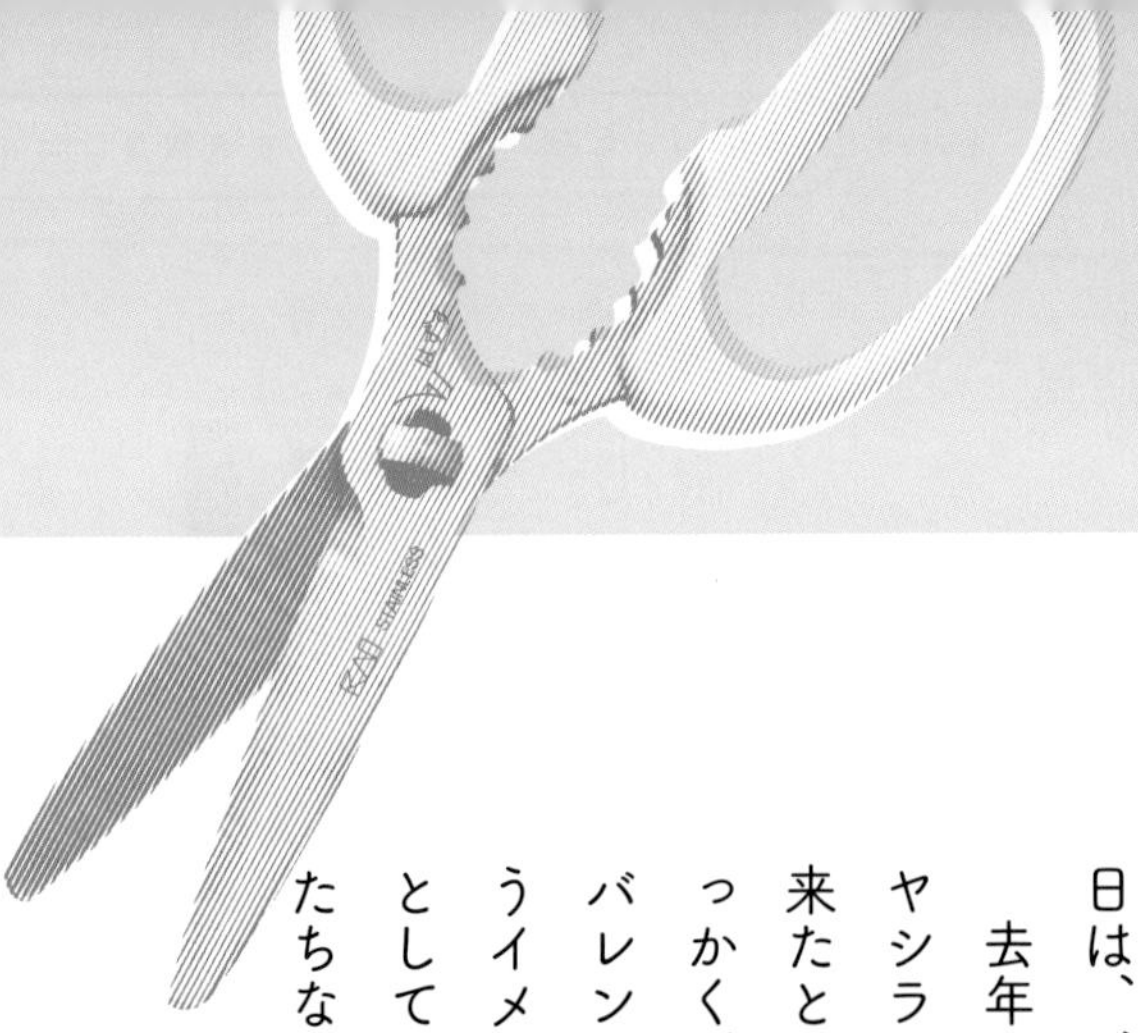

日にサプライズでスニーカーとＡｉｒＰｏｄｓを用意してくれてたことがあったんです。でもそのスニーカーのサイズが合わず履けなくて。さらにＡｉｒＰｏｄｓはもらう前に僕が自分で買ってしまって、いたたまれない雰囲気に（笑）。それ以降、プレゼントは本当にいらないよっていうことになりました。そんな経緯もあって、僕たちの特別な日は、ごはんを食べることで、落ちついています。

　去年のバレンタインは、僕のリクエストで〝ハート形ハヤシライス〟を作りました。おねえさんのお母さんが家に来たときに作ってくれたのがすごくおいしかったので〝せっかくだし挑戦してみよう！〟ということになりました。バレンタインといえば、彼女が彼氏にプレゼントするというイメージが強いので、おねえさんが僕に作ってくれようとしていたんですが、結局ふたりで作りました。それも僕たちなりの特別な日の過ごし方です。

#おにいさん

日常も特別な日も ふたりでの食事を いつまでも大切に！

特別な日に作った料理で、思い出に残っているのは、〝洋風ちらし寿司〟です。バレンタインに〝ハート形ハヤシライス〟と一緒に作りました。僕自身、イタリアンドレッシングが大好きで！ あれをお米にかけて食べられるっていうくらい（笑）。作りながら、きっとそんな味付けになるんだろうなと思って、どんどんテンションが上がっていきました。生ハムもお米もお酢も大好きなので、大満足のできあがり。あれは、またいつかの記念日に作りたい料理のひとつ。

おうちで韓国旅行気分を味わいたくて作った〝キムチとチーズのキンパ〟は、味もおいしかったし、作っていて楽しくもあった料理。巻きすを初めて買ったこともあって、ふたりしてかなり盛り上がりました。

おうち旅行の雰囲気を出すために、お酒はかなり重要。

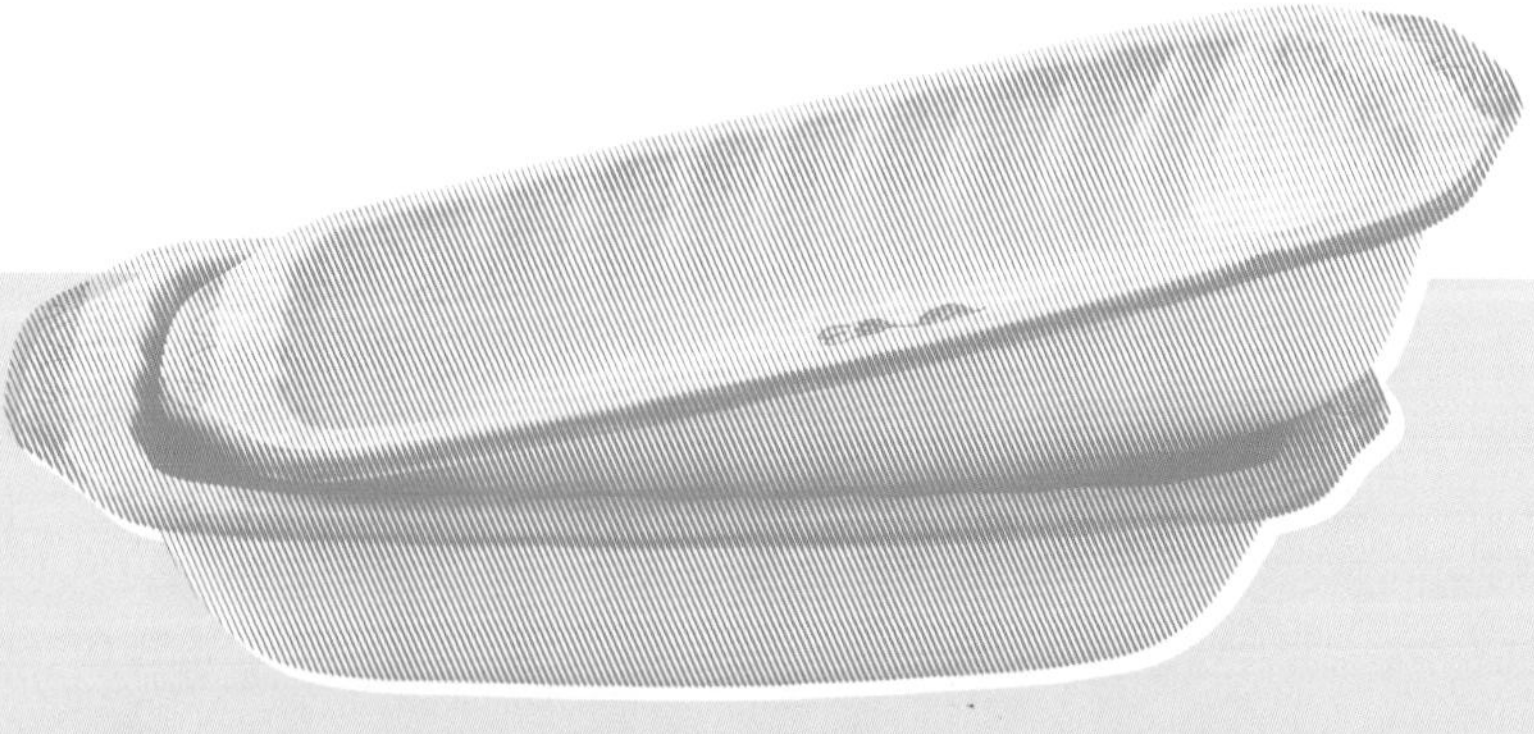

例えば韓国料理だったら、マッコリや韓国焼酎といった韓国のお酒があるだけで全然ちがう！　料理に合わせて、お酒もその国のものにしてみると、おうち旅行がさらにバージョンアップします。

おねえさんとは付き合った当初から気を使わない関係でしたが、同棲するようになってからはさらに気を使わずにいられます。それはどう考えても、やっぱりおねえさんの性格のおかげというのが大きい。ネガティブな僕に対して、おねえさんがおおらかでいてくれるから、居心地がいい空間が守れているんじゃないかな。

今の関係がとても心地いいので、これからもふたりで料理をする時間は続けていきたい。ただ、それが目的になって、時間を合わせなきゃと無理をするようにはなりたくない。これからも無理をせずに時間を合わせながら、ふたりでの料理時間を過ごしていければいいなと思います。

いいことあったし
今日はお祝い！①

マウンテンステーキ丼

ガーリックライス

材料

- にんにく…5かけ（約25g） 23円
- オリーブオイル…大さじ1
- バター…30g 60円
- 温かいごはん…約600g
- しょうゆ…大さじ2
- 塩こしょう…適量

手順

1 にんにくはみじん切りにする。

2 フライパンにオリーブオイルを熱し、1を入れて炒めてにんにくの香りが立ってきたら、バターを入れる。バターが溶けたらごはんを入れて炒め、しょうゆを入れて全体を混ぜる。仕上げに塩こしょうをふる。

なすとアスパラのソテー

材料

- なす…2本 112円
- グリーンアスパラ…細いもの6本（約40g） 40円
- オリーブオイル…大さじ1
- 塩こしょう…適量

手順

1 なすはヘタを取り縦半分に切る。アスパラは根もとを約1cm切り落とす。

2 フライパンにオリーブオイルを熱し、なすとアスパラを炒める。火が通ったら塩こしょうをふる。

ステーキ

材料

- ステーキ用牛肉…1枚（300g） 810円
- 塩こしょう…適量
- バター…30g 60円
- にんにくチップス…適量

手順

1 ステーキ用牛肉に塩こしょうをまぶしてもみ込む。

2 フライパンを中火にかけバターを入れて溶かす。バターがフツフツしてきたら、牛肉を入れる。片面を1分焼き、ひっくり返してもう片面も1分焼く。さらに両面を1分ずつ焼く。取り出して幅約1cmにカットする。

3 器にガーリックライスを山形に盛り、まわりに牛肉、なす、アスパラを盛りつけ、にんにくチップスを散らす。

Point

ガーリックライスを作るときはオリーブオイルでみじん切りのにんにくを炒めてからバターを加えると、にんにくの香りがオリーブオイルにうつり、バターも焦げつかない。

total ⇨ 2人前の量の1皿分：合計1105円

#おにいさん

盛れ具合重視で！
僕たちにとっては
実は一人前です

#おねえさん

普段は食べないような
高級感のある味に
感動してしまう…

サラダ感覚で
おいしい

いいことあったし今日はお祝い！②

洋風ちらし寿司

材料

ベビーリーフ	1袋	100円
生ハム	85g	179円
アボカド	½個	50円
オリーブ	10個	50円
温かいごはん	約450g	
粉チーズ	適量	
ブラックペッパー	適量	
A レモン汁	大さじ3	
A オリーブオイル	大さじ1	
A 砂糖	小さじ2	
A 塩	小さじ1	

total ⇨ 2人前：合計379円

手順

1 ボウルにごはんを入れ、Aを混ぜたものを加えて全体をさっくり混ぜ合わせる。

2 皿に1を盛り、ベビーリーフ、生ハム、半分にカットして種を取り皮をむいて切ったアボカド、オリーブをのせて粉チーズをかける。

Point

皿に盛ったごはんの上に直接、ベビーリーフをのせていく。

#おねえさん

思い出の場所 韓国旅行を おうちで追体験

バレンタインに作った〝ハート形ハヤシライス〟は、いい思い出になりました！ ハヤシライス自体は作ったことがあったけど、ごはんをわざわざハート形にしたのはあのときが初めて（笑）。しかも、バレンタインだったから、おにいさんのために私が作るのがテーマだったはずなのに、肝心のごはんをハート形に整える作業をしたのは、おにいさん（笑）。盛りつけはおにいさんがすることが多いというのもあって、いつも通りまかせちゃいました。おにいさんもおにいさんで違和感を抱くことなく「じゃあ俺がハートにしておくわ」って言ってくれて。そのエピソードも込みで私たちらしいなと思っています。

私たちにとって韓国は、特別な場所。大学3年生のときに行った、初ふたり旅が韓国だったんです。3泊4日、ふたりでずーっと食べてました。あと、おにいさんがひとり

暮らしをしていた場所の近くに、韓国料理屋さんがたくさんあったので、韓国料理はとてもなじみ深いもの。

新型コロナウイルスの影響で海外旅行も外食もしづらくなったときに、〝手料理で韓国旅行気分を味わおう〟ということで、ふたりで韓国料理に挑戦してみたんです。作ってみると、意外とどれもかんたん！　作業としては、キンパを巻くのが難しかったくらい。まぁ、多少変になっちゃうのもアリです（笑）。動画のコメント欄で、〝キンパを切るときは、包丁にごま油を塗るといい〟というのを教えてもらってから、実践しています。〝ヤンニョムチキン〟はふつうの唐揚げに甘辛のタレをからめるだけなので、難易度は低め。〝おうち韓国旅行〟とは関係なく、よく作るようになりました。韓国料理を作るのに欠かせないのが、コチュジャン！　私たちはたっぷりめに使っちゃっています。

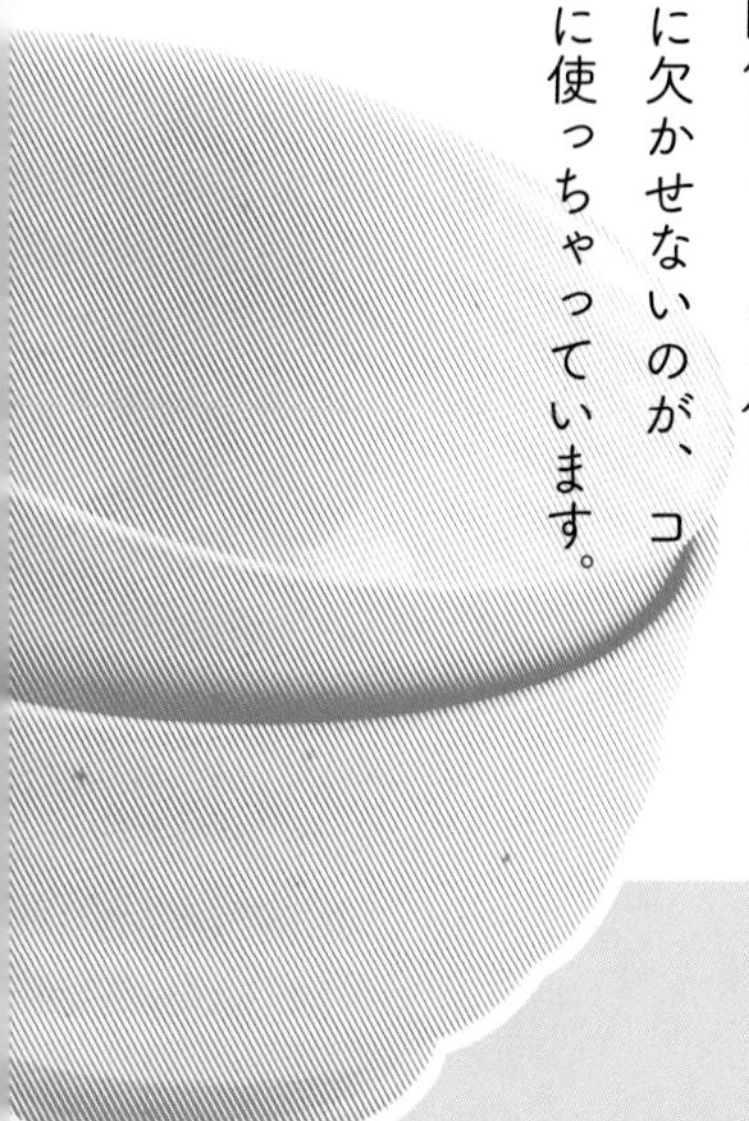

#おねえさん

ふたりでの料理も動画投稿も楽しめるのは私たちがプロじゃないから

いつもはビールが大好きな私ですが、特別な日はワインを飲みたくなります。私たちはワインの味のちがいがわかるレベルには達していないので、お店でいちばん安いワイン（笑）。高級なワインだからスペシャル感が出るわけではなく、ハヤシライスとか生ハムとか、特別な日に食べがちなものに、ワインと合うものが多いってことなのかもしれないです。

木のお皿やスキレットは、気持ちを上げるために同棲後に買った食器ではあるけど、グラスに関してはそろえられていなくて。ワイングラスは、お互いがたまたま持っていたものの寄せ集め。なので、1個ずつしかないんです。せめて1セット、ワイングラスを買いそろえたい！

ふたりですることで広がった料理の幅が、You

Tubeチャンネルを開設してから、さらに広がっています。動画を見てくださった方で〝同じものを作ってみた〟というコメントをくれる方もいたりして、同じレシピを共有できることを、うれしく感じています。

私たちはプロの料理家ではないけれど、それをマイナスにはとらえていません。そもそも私たちの動画はレシピを教える気持ちでやっているわけではないんですよ。日常を切り取って〝こんな料理を作ってみました〟という記録みたいなもの。だから料理中の失敗もカットせずに編集しています（笑）。みなさんがコメントで、いろんな料理テクニックを共有してくれるのも、すごくありがたいです。

共働きの私たちにとって、料理や家事のすべてをふたりでやるのは、生活をうまくまわすために欠かせないこと。これからもふたりで料理をする時間を取りながら、ずっと一緒にごはんを食べていけたらいいなと思っています。

巻くのが
楽しい

おうちで旅行気分　大好きな韓国へ①

キムチとチーズのキンパ

材料

キムチ		100g	37円
ツナ缶		1缶（70g）	63円
ピザ用チーズ		100g	70円
温かいごはん		約400g	
海苔		2枚	40円
A	コチュジャン	小さじ1	
	しょうゆ	小さじ1	

total ⇨ キンパ2本分：合計210円

手順

1 ボウルにごはん、きざんだキムチ、汁を切ったツナ缶、Aを入れて混ぜる。

2 巻きすの上に海苔をのせ、1の半量を薄く広げて、チーズの半量をのせて巻く。同様にもう1本作る。食べやすい幅に切る。

3 耐熱皿に2をのせ、ふんわりラップをして電子レンジで約2分、チーズが溶ける程度に加熱する。

Point

ごはんは海苔の全面に広げず、手前⅔程度の位置にのせて巻きすで押さえながら巻く。

#おにいさん
旅行に行けない
今だからこそ
韓国の超鉄板!

#おねえさん
ふたりで行った
韓国で食べた味を
再現してやみつき！

甘辛って最高

ヤンニョムチキン

材料

- 鶏もも肉……300g　300円
- 片栗粉……大さじ3
- 揚げ油……適量
- 白ごま……適量
- A
  - みりん……大さじ2
  - 塩こしょう……少々
- B
  - コチュジャン……大さじ2
  - ケチャップ……大さじ2
  - 酒……大さじ1
  - しょうゆ……大さじ1
  - みりん……大さじ1
  - 砂糖……小さじ1
  - チューブ入りにんにく……小さじ1

total ⇨ 2人前：合計300円

手順

1. 鶏もも肉はフォークで両面数か所ずつ刺し、ひと口大に切って、Aを混ぜたものに漬けて10分放置する。
2. 1の水気をキッチンペーパーで拭き取り、片栗粉をまぶす。
3. フライパンに揚げ油を入れ中温（170〜180℃）に熱して、2を入れて揚げる。いったん取り出す。
4. フライパンの油をオイルポットにうつし、揚げた肉を戻してBを入れて弱火にかけ、サッとからめながら炒める。
5. 器に盛り、白ごまをふる。

Point

フライパンの底から約1cmまで、揚げ油を入れて、少なめの油で途中でひっくり返して片面ずつ揚げる。

さっぱり
ヘルシー

おうちで旅行気分　大好きな韓国へ③

はるさめ冷麺

材料

はるさめ	100g	58円
トマト	½個	38円
きゅうり	½本	20円
キムチ	50g	19円
白ごま	適量	

〈スープ〉

- 中華スープのもと……大さじ2
- 水……大さじ4

A
- 水……500mℓ
- みりん……大さじ4
- すし酢……大さじ4
- しょうゆ……大さじ1
- 和風だしのもと（粉末）……小さじ2
- 砂糖……小さじ2
- 塩……小さじ1

total ⇨ 2人前：合計135円

手順

1. はるさめは表示通りにゆで、流水でゆすいでザルに取る。トマトはくし形に、きゅうりは千切りにする。
2. スープを作る。耐熱容器に中華スープのもとと水を入れ、ふんわりラップをして電子レンジで約1分加熱する。混ぜ合わせて中華スープのもとを溶かす。
3. ボウルに**A**と**2**を入れて混ぜる。
4. 器に**3**を注いで氷を入れる。はるさめを入れて、トマト、きゅうり、キムチをのせ、白ごまをふる。

#おにいさん

麺の正解がわからず
はるさめで代用したら
あたり!

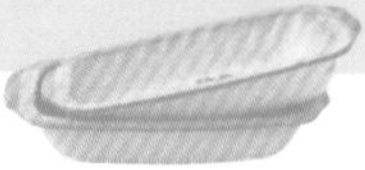

2種類のタレで飽きない

おうちで旅行気分 大好きな韓国へ④

サムギョプサル

材料

豚ロース肉……2枚(約200g) 200円
キムチ……100g 37円
にんにく……5かけ(約25g) 23円
サンチュ……10枚 98円
ごま油……小さじ1

〈サムジャン風みそ〉
合わせみそ……大さじ1
コチュジャン……大さじ1
ごま油……大さじ1
砂糖……小さじ1
酢……小さじ1

〈ごま塩だれ〉
ごま油……大さじ2
塩……小さじ1/3

total ⇨ 2人前:合計358円

手順

1 にんにくは薄切りにする。フライパンにごま油を熱し、キムチとにんにくを炒める。

2 豚ロース肉はひと口大に切る。

3 油をひかずにフライパンで**2**を焼く。

4 サンチュに肉、**1**のキムチとにんにくをのせて巻き、混ぜ合わせた2種類のタレをお好みでつけて食べる。

#おねえさん

巻きながら
食べるって
楽しいですよね

おわりに

おにいさん　最後まで読んでいただき、ありがとうございました！

おねえさん　ありがとうございました！

おにいさん　今の気持ちはいかがですか、おねえさん。

おねえさん　本当にいい経験をさせてもらっていることに、ただただ感謝です。YouTubeを始めた当初は、本を出すことができるなんて考えてもいなかったことだから。

おにいさん　本当にそうだよね。チャンネルを開設した当初は〝半年後に登録者数1000人〟を目標にしていたのが……半年で10万人を超えることができて、さらに本まで出すことができて。すべては、いつも動画を見てくださるみなさんがいるからこそのこと。本当に感謝しかないです。

おねえさん　人生の素敵すぎる思い出です。エッセイ部分をまとめるにあたって、私たちの関係性を改めて考えてみたけど、きっとみなさんが思っているような〝ラブラブ〟とか、〝とっても仲良し〟な関係性とはちょっとちがう（笑）。

おにいさん　そうだねー。コメントやDMで、〝ふたりの関係性に憧れます！〟って言ってもらうたびに、〝憧れるって、どこらへんに？〟

これからも
平和な
ふたりの時間

って感覚だったから（笑）。もちろん仲はいいし、好きで一緒に暮らしてはいるんだけど。

おねえさん　いつもラブラブで仲がいいからふたりで料理をしているわけではないもんね。

おにいさん　快適で平和で、負担のない同棲生活をする上で〝ふたりの料理時間〟があるほうが効率がよかった（笑）。

おねえさん　そういうこと！

おにいさん　この本を読んでいただけたことで、僕たちのカップルとしてのリアルな姿が伝わっているといいよね。

おねえさん　うん。この本を読んでも〝恋人とラブラブ〟にはなれないかもしれません（笑）。でも、恋人との平和なふたり時間を過ごすキッカケくらいにはなれるかなと思う。

おにいさん　その役に立つことができるなら、僕らとしてはすごくうれしいです。

おねえさん　これからも私たちは一緒に料理を作り続けますので、みなさんも一緒に作ってみてください！

2021年6月　てりやきチャンネル

ふたりを平和《へいわ》にしてくれる
最強《さいきょう》の
共働《ともばたら》きごはん
月《つき》2.5万円《まんえん》で味《あじ》もボリュームも大満足《だいまんぞく》!

2021年6月30日　初版発行
2022年5月20日　3版発行

著者　てりやきチャンネル
発行者　青柳昌行
発行　株式会社KADOKAWA
〒102-8177　東京都千代田区富士見2-13-3
電話　0570-002-301（ナビダイヤル）
印刷所　凸版印刷株式会社

◎お問い合わせ
https://www.kadokawa.co.jp/
（「お問い合わせ」へお進みください）
※内容によっては、お答えできない場合があります。
※サポートは日本国内のみとさせていただきます。
※Japanese text only

定価はカバーに表示してあります。

ISBN 978-4-04-680616-1　C0077

Profile

てりやきチャンネル

協力して料理を作り、食べる風景をUPする同棲カップルYouTuber。彼氏の“おにいさん”と彼女の“おねえさん”の２人組。料理中や食事中の楽しく優しい雰囲気が人気で、2020年10月に開設したYouTubeチャンネルは、半年で登録者数10万人超え。視聴者からは「彼と一緒に作りたい」「こんなカップルになりたい」「ふたりの雰囲気に癒やされる」という声多数。本書が初の著書。